/ **100** 位

为新中国成立作出突出贡献的英雄模范人物/

罗 忠 毅

刘志庆　王东炎/著

★

吉林文史出版社

图书在版编目（CIP）数据

罗忠毅 / 刘志庆，王东炎著. -- 长春 ：吉林文
史出版社，2011.4（2022.4重印）
（100位为新中国成立作出突出贡献的英雄模范人物）
ISBN 978-7-5472-0522-8

Ⅰ．①罗… Ⅱ．①刘… ②王… Ⅲ．①罗忠毅
（1908～1941）－生平事迹 Ⅳ．①K825.2

中国版本图书馆CIP数据核字(2011)第050301号

罗忠毅

LUOZHONGYI

著/ 刘志庆 王东炎

选题策划/ 王尔立　责任编辑/ 王尔立

装帧设计/ 韩璘

出版发行/ 吉林文史出版社

地址/ 长春市福祉大路5788号　邮编/ 130118

电话/ 0431-81629363　传真/ 0431-86037589

印刷/ 天津海德伟业印务有限公司

版次/ 2011年4月第1版 2022年4月第5次印刷

开本/ 640mm×920mm　1/16

印张/ 9　字数/ 100千

书号/ ISBN 978-7-5472-0522-8

定价/ 29.80元

《100位为新中国成立作出突出贡献的英雄模范人物》丛书

★★★★★

编 委 会

100位

为新中国成立作出突出贡献的英雄模范人物

八女投江	于化虎	小叶丹	马本斋	马立训	方志敏
毛泽民	毛泽覃	王尔琢	王尽美	王克勤	王若飞
邓萍	邓中夏	邓恩铭	韦拔群	冯平	卢德铭
叶挺	叶成焕	左权	诺尔曼·白求恩		任常伦
关向应	刘老庄连	刘伯坚	刘志丹	刘胡兰	吉鸿昌
向警予	寻淮洲	戎冠秀	朱瑞	江上青	江竹筠
许继慎	阮啸仙	何叔衡	佟麟阁	吴运铎	吴焕先
张太雷	张自忠	张学良	张思德	旷继勋	李白
李林	李大钊	李公朴	李兆麟	李硕勋	杨殷
杨子荣	杨开慧	杨虎城	杨靖宇	杨闇公	萧楚女
苏兆征	邹韬奋	陈延年	陈树湘	陈嘉庚	陈潭秋
冼星海	周文雍、陈铁军夫妇		周逸群	明德英	林祥谦
罗亦农	罗忠毅	罗炳辉	郑律成	恽代英	段德昌
贺英	赵一曼	赵世炎	赵尚志	赵博生	赵登禹
闻一多	埃德加·斯诺	夏明翰	格里戈里·库里申科		
狼牙山五壮士	聂耳	郭俊卿	钱壮飞	黄公略	
彭湃	彭雪枫	董存瑞	董振堂	谢子长	鲁迅
蔡和森	戴安澜	瞿秋白			

前　言

　　每个人的心中都多少有一点英雄情结，都向往英雄、景仰英雄。也正因此，在中华人民共和国建国六十周年之际，由中央十一部委联合组织开展的"100位为新中国成立作出突出贡献的英雄模范人物和100位新中国成立以来感动中国人物"的评选活动中，群众参与投票总数近一亿。这其中的每一张选票，都表达了人们对英雄模范的崇敬之情，寄托着对伟大祖国的美好祝福。

　　一个民族不能没有英雄，否则这个民族就不会强大。当国家危难之时，懦弱者选择了逃避、妥协甚至投降，英雄们却挺身而出，用热血捍卫民族的尊严，人民的幸福。在创立和建设新中国的伟大历程中，涌现出无数可歌可泣的英雄模范人物。他们之中，有为了民族独立和人民解放而英勇牺牲的革命先烈，有为了党和人民的事业而不懈奋斗的优秀共产党员，有在全民族抗战中顽强奋战、为国捐躯的爱国将士，有英勇杀敌的战斗英雄和革命群众，有积极从事进步活动的著名民主爱国人士和国际友人……他们是民族的脊梁、祖国的骄傲，是激励全体人民团结奋斗的精神力量。

　　《100位为新中国成立作出突出贡献的英雄模范人物传记》丛书，就像一部星光璀璨的英雄谱，真实、完整地记录了英雄模范人物不平凡的一生，再现了他们非凡的人格魅力和精神世界。"头颅可断腹可剖"的铁血将军杨靖宇，"毫不利己，专门利人"的白求恩，"抗战军人之魂"张自忠，"砍头不要紧"的夏明翰，"俯首甘为孺子牛"的文化斗士鲁迅……一串串闪光的名字，一个个动人的故事，犹如群星闪烁，光耀中华。

　　如今，战火已熄，硝烟已散，英雄已逝，我们沐浴在和平的幸福之中。在和平年代，人们不会忘记为今日的和平浴血奋战的英雄们，英雄的故事永远不会结束。让我们用英雄的故事唤醒我们心中的激情，为中华民族的伟大复兴而奋斗。

生平简介

罗忠毅（1908-1941），男，汉族，湖北省襄阳县人，中共党员。

罗忠毅1927年入冯玉祥部当兵。1931年参加宁都起义，编入中国工农红军第五军团。后到瑞金入红军学校学习。1932年加入中国共产党。参加了中央苏区第四次、第五次反"围剿"。1934年10月中央红军主力长征后，任福建军区第三分区副司令员兼参谋长、闽西南第一作战分区司令员、闽西南游击队第一纵队司令员，在闽西南地区坚持极其艰苦的三年游击战争。抗日战争全面爆发后，任新四军第二支队参谋长、江南指挥部参谋长，参与创建以茅山为中心的苏南抗日根据地。参与指挥水阳伏击战、官陡门奇袭战等战斗。1940年7月新四军江南主力北渡长江后，任重建的江南指挥部指挥，留苏南坚持敌后抗日游击战争，指挥部队多次挫败日伪军"扫荡"、"清乡"和国民党顽固派军队的进攻。1941年皖南事变发生后，曾率部艰苦作战，接应新四军突围北撤人员。4月任新四军第六师参谋长兼十六旅旅长。曾指挥部队在黄金山地区同国民党顽固派军队作战，打退了顽军的进攻。同年11月28日，日伪军三千余人袭击溧阳塘马村，为了掩护苏南抗日根据地党、政、军干部安全转移，他率部与敌人展开殊死搏斗，壮烈牺牲，年仅33岁。

1908-1941
[LUOZHONGYI]

◀ 罗忠毅

目录 MULU

■民族英雄 功勋卓著（代序） / 001

■宁都起义（1908－1933） / 001

尚武精神的孕育 / 002
生于湖北重镇襄阳，深受尚武精神的影响。小时受过
良好的教育，参与"二师学潮"。 0-19岁

19-23岁 参加中原大战 / 004
进入襄阳中山军事政治学校学习，后参与蒋、冯、阎中
原大战。

宁都起义，苏区作战 / 006
宁都起义，加入红五军团，参加中央苏区的作战。 23-25岁

■闽西三年游击战争（1934－1937） / 011

率部进入岩、宁、连游击根据地 / 012
罗忠毅率领三分区司令部和明光独立营先在连城的朋
口一带游击，后转到岩(龙岩)、连(连城)、宁(宁洋) 游
击根据地，与红军独立第九团会合，并成立联合司令
26岁 部。

闽西军政委员会委员 / 015

1935年3月，成立以张鼎丞为主席的闽西军政委员会，领导游击战争，罗忠毅被选为委员。4月，闽西党政军负责人第一次会议在永定县赤寨乡召开。将闽西军政委员会改为闽西南军政委员会，罗忠毅又被选为委员。同时决定将闽西游击区划为四个军分区，罗忠毅任第一军分区司令员。

27岁

坚守岩、宁、连游击根据地；二支队参谋长，北上抗日 / 017

岩、宁、连地区就是靠罗忠毅和方的坚持斗争，他们率部在极艰难的环境中与敌周旋，度过游击战争中最艰苦的岁月。1937年10月，南方各省游击队整编为"国民革命军陆军新编第四军(简称新四军)"。闽西南等红军游击队被改编为新四军第二支队，罗忠毅任参谋长。

28—29岁

■转战苏南（1938－1940） / 025

新四军二支队东进，和粟裕一道指挥官陡门战斗 / 26

1938年6月，新四军二支队奉命东进，罗忠毅和王集成率司政两部和三团、四团的一个先遣营挺进苏南敌后，开始创建以茅山为中心的苏南抗日根据地。1939年1月20日，在粟裕、罗忠毅指挥下，三团发起了官陡门战斗，全歼伪军，俘、获人枪各七八十，我仅伤战士两人，创造了以少胜多的光辉战例。

30岁

江南指挥部参谋长，艰苦缔造苏南根据地 / 028

1939年11月，新四军第一、二支队领导机关奉命合并，在溧阳水西村成立新四军江南(指江苏南部)指挥部，陈毅任总指挥，粟裕任副总指挥，罗忠毅任参谋长。

31岁

新四军江南指挥部指挥，新四军二支队司令，担起苏南抗日重任 / 030

1940年7月，陈毅、粟裕率领江南新四军主力北渡长江后，罗忠毅留在江南，重组新四军江南指挥部，担任总指挥。黄桥大捷后，罗忠毅仍回茅山地区，就任新四军二支队司令员。

32岁

黄金山三战三捷，重新打开苏南抗战局面 / 034

1941年3月，新四军按中央军委命令，开始整编为七个师，罗忠毅任新四军六师参谋长兼十六旅旅长。不久，黄金山反顽战斗便打响了。黄金山反顽战役前后持续四天，罗忠毅亲自指挥，三战三捷，迫使国民党顽固派停止了皖南事变后对苏南新四军的大规模进攻。

33岁

■风云塘马（1941） / 037

打开茅山抗战新局面 / 038

罗忠毅、廖海涛权衡再三，决定把旅部移至戴巷西南四公里的塘马村。为打开茅山抗战新局面，罗忠毅决定兵分两路：一路由廖海涛率领四十六团一营北进茅山，拔掉日伪据点。另一路则由四十七团部率主力两个连，配合地武一个连，坚持长漏，向丹金武发展。

33岁

巫恒通纪念大会 / 049

巫恒通倒下了，罗忠毅悲痛异常，在旅部召开纪念大会，教育全旅化悲痛为力量，在艰难异常的时期夺取战斗的胜利。

33岁

卓有成效的整训 / 051

四十六、四十七团整训。比赛项目有着衣紧急集合、步枪射击瞄准、投掷木制手榴弹、政治测验、歌咏活动、墙报评比、伙房比赛、篮球比赛。

33岁

紧急转移，果断处理罗福佑事件 / 054

33岁

11月7日，是苏联十月革命纪念日，日军在金坛、薛埠增兵，进攻时间不明。罗忠毅为防万一，部队迅速转移，目标溧水的白马桥。四十八团政委罗福佑携款外逃，抓回受审。

■**血战塘马（1941） / 061**

迟来的情报 / 062

11月27日下午来了一份情报，罗忠毅召开军事会议，决定夜间增派复哨、班哨、游动哨，第二天提早吃饭，作好战斗准备。

33岁

重托 / 067

33岁

罗忠毅宣布了由王直率队先行转移的命令，罗忠毅反复向王直说明，要克服一切困难，把部队带到安全地带。

争相阻击 / 076

为掩护党政军机关转移，罗忠毅、廖海涛争相殿后阻击。

33岁

33岁

血战王家庄 / 084

罗忠毅与廖海涛一道率部血战，双双殉国。

人民的怀念 / 113

罗忠毅、廖海涛血战塘马，壮烈殉国，他们俩是伟大的民族英雄。

■**后记 浩气长存 永垂千古 / 127**

民族英雄　功勋卓著（代序）

王　直

　　罗忠毅是在七十年前，在与日本侵略者英勇奋战的塘马战斗中牺牲的。在他牺牲七十周年的今天，此书的出版，对弘扬以爱国主义为核心的中华民族精神，教育我们的后代是有深刻意义的。罗忠毅的一生虽然短暂，但他作出的贡献是突出的。我作为曾在他身边一起战斗过的老部下，是有深切感受的。他指挥对日作战的最后一个战斗——塘马战斗，就是"突出贡献"的典型一例。

　　塘马战斗发生在日本侵略者最疯狂、中国抗日战争最艰难的时刻。当时，只有新四军六师十六旅在江南坚持（六师十八旅已从津浦铁路东撤往江北），虽然之前打了几个胜仗，但仍夹在日、伪、顽之中四面临敌。

　　塘马战斗，是一个敌我力量对比非常悬殊的战斗。日军为巩固其后方基地，支持即将爆发的太平洋战争，一举消灭苏南新四军抗日武装，在塘马战斗中投入了一个联队，约三千多日军和八百多伪军，同时还配备了炮兵、骑兵、装甲车，临近的长荡湖上还有巡逻艇在游弋。这是日军在战争中，对新四军作战投入兵力最多的一次。新四军作战人员只有五百余人，敌近八倍于我。罗忠毅和廖海涛（十六旅政治委员）就是在这种困难情况下率部与敌殊死作战。

　　当时在塘马地区几乎集中了苏皖区地方党政机关的大多数抗日骨干，约一千余人。如果日军目的和企图达到，新四军建立的第一个抗日根据地就会丢失，在江南没有立足之地，整个华中抗日根据地就被割裂开来，敌可集中力量进攻新四军江北根据地。这不仅对华中，对全国抗战及对日作战的盟军也会产生负面的影响。塘马战斗是对抗战全局有重要影响的一次战斗。

按常规，敌我力量这么悬殊，武器装备差异又那么大，敌又达成了战术突然性，新四军被歼是情理之中的事。但事实的结果却相反，罗、廖两同志和272名新四军战士，以他们的英勇作战，以他们视死如归的精神，以他们年轻的生命，换来了苏皖区党政军机关人员成功的突围转移，保存了抗日骨干力量，保住了苏南茅山抗日根据地，使华中抗日根据地保持了完整，并粉碎了日军巩固后方基地的战略目的及一举消灭江南新四军的战术企图，继续牵制了大批日伪军于江南，直接或间接地支援了江北新四军及盟军。这就是他们为世界反法西斯战争胜利，为中华民族的解放事业，为新中国的诞生作出的突出贡献。

战后不久，新四军军部就通电全军予以表彰："罗、廖两同志，为我党我军之优秀党员，为党为革命奋斗十余年，踏实、坚定、勇敢，负责艰苦缔造苏南根据地，卓著功绩。罗、廖两同志的壮烈牺牲，全军一致追悼，以昭彰先烈。"罗、廖如同近代的邓世昌、抗联的杨靖宇将军、赵一曼、"八女投江"的女战士、八路军的左权将军、"狼牙山五壮士"、新四军刘老庄连八十二烈士等英雄一样名垂青史。

二〇一一年一月二十日

宁都起义

(1908—1933)

尚武精神的孕育

　　罗忠毅，乳名福娃，族名宗愚，1908 年农历三月十五日生于湖北省襄阳县襄城二郎庙街一户城市贫民家里。父亲罗仲恭，在一个民间收税单位——户房当过差役，种过田，做过小生意，为人正直。母亲早逝，罗忠毅幼时受继母虐待，性格内向，不多说话，有独立性，能吃苦耐劳。

　　罗忠毅 9 岁发蒙私塾，14 岁插班到县立模范高等小学读三年级。1924 年初，古城襄阳在革命先驱萧楚女的鼓动下，爆发了名震全国的"二师学潮"。罗忠毅曾随同老师和同学们一起走上街头，游行示威，散发传单。罗忠毅生活在二十世纪初，当时的中国处在殖民地、半殖民地的境地中，当时的中国在世界上的地位甚低，甚至比早期的楚国被视为蛮夷、诸夏一体反击夷狄的情形还要危险。但是楚人传统的筚路蓝缕的精神仍顽强地表现出来，1889年，张之洞在汉阳建立汉阳铁厂和湖北枪炮厂，辛亥革命，武昌起义，董必武、陈潭秋等老一辈无产阶级革命家在武汉创立了共产主义小组，二七大罢工，武昌农讲所，八七会议，黄麻起义……楚人自处逆境，不甘坐困，勇于进取的精神都得到了充分的体现。

在这些传统思想和革命浪潮的影响下，罗忠毅渐渐拥有的楚人的这种精神已得到了升华，特别是在萧楚女的鼓动下，在"二师学潮"的影响下，已经把这种精神转化为自觉的行动，从此，他开始

△ 襄阳古城

觉醒，有了摆脱家庭桎梏、冲破社会压抑和向往自由的愿望。

➔ 参加中原大战

★★★★★

（19-23岁）

楚人有尚武之风，且充满爱国主义精神，如申包胥为了求得秦国发兵救楚，在秦国朝廷中哭了七天七夜，终于感动了秦王；楚将屈瑕战败，感到对不起家乡父老，以死谢罪，开了楚国将帅以身殉国的先河；楚武王、楚文王、楚庄王、楚共王等都身先士卒，亲临战阵之中，体现了崇高而又坚定的爱国主义精神，最有代表性的是屈原，"鸟飞返故乡兮，狐死必首丘"，其精神千秋万代为世人景仰。楚被秦灭时，楚人南公说："楚虽三户，亡秦必楚。"楚人的这种爱国主义精神超越了时空，融入到中华民族的血脉之中，代代相传。

罗忠毅生活在荆州大地的襄樊，自然受这些文化的影响，襄樊是军事重镇，是兵家必争之地。历史上发生过多次战争，产生了许许多多的英雄。英雄崇拜和尚武的精神深深地融入人们的血液中，尤其是三国文化可以说深入其骨髓。古隆中离城只有十几公里，出现了著名的《隆中对》,《三国演义》120 回中，有 31 回发生在襄樊这块大地上。

耳濡目染，罗忠毅在尚武精神的熏陶下，自幼便有杀敌报国、建功立业之心。在"二师学潮"的带动下，他首先想到的是从军。1927 年 7 月 14 日，冯玉祥部国民革命军第十四路军第十二师进驻襄阳，师长高树勋决定开办中山军事政治学校，招募青年学生，罗忠毅成了这所军校的一名学兵。8 月，方振武部队到襄阳接防，中山军事政治学校的学兵随第十二师离开襄阳北上，在确山，罗忠毅被分到骑兵连当班长。以后随部队参加了国民党新军阀的混战。1930 年的中原大战，冯玉祥失败。冬天，罗忠毅所在的部队被蒋介石改编为第二十六路军交通兵团，他升任排长。1931 年春，第二十六路军被蒋介石调往江西"围剿"红军和革命根据地。

→ 宁都起义，苏区作战

★★★★★

（23-25 岁）

5月，罗忠毅所在的二十六路军在永丰的中村，一部突然被红军围住，一个旅被歼过半，师部也遭重创。首战失败，使本来就不愿南下"剿匪"的官兵，士气更加低落，他们厌战、苦闷、思乡。另一方面，宁都周围苏区农民分得土地的幸福生活以及红军撤退时留下的政治标语影响着他们，使本来在大革命时期就受共产党影响的二十六路军官兵逐渐觉醒。罗忠毅在地下党和当时形势的影响下，思想有了明显的转变。

首先，他觉得红军作战勇敢，那股精神是他在西北军和二十六路军中不曾见过的。另外，从被掳释放回来的人中了解到红军官兵一致，军民鱼水之情闻所未闻、见所未见的情况。罗忠毅又想起了昔日所见的那些标语，"共产党是为工农谋利益的党"、"红军是为工农谋利益的军队"、"穷人不打穷人"、"士兵不打士兵"、"联合红军，北上抗日"、"打土豪，分田地"、"欢迎白军兄弟们拖枪来当红军"、"打倒帝国主义"。

对呀，红军是工农的军队，我们不也是工人农民吗? 红军要打日本，我们也要打日本。穷人怎么能打穷人呢? 救国救民必须先抗日呀。罗忠毅逐渐提高了对红军的认识，从戎救国的理想渐渐和冷峻的现实结合起来。

此时，孙连仲、高树勋已离开宁都，由参谋长赵博生主持军务。这时，除赵博生外，七十三旅旅长董振堂、七十四旅旅长季振同也倾向红军，起义投奔红军的策同工作逐渐成熟。

罗忠毅也受到了地下党的策同，他的心一下子开朗起来。是呀，红军的标语上不是分明写着:"欢迎白军兄弟们拖枪来当红军。"只有红军联合起来，才能抗日救国呀。冯玉祥是没有希望了，蒋介石攘外必先安内是更没有希望了，只有共产党和共产党的军队才有希望。此时不举起义之旗还待何时抗日、救国。

罗忠毅完全站到了起义的一边。在地下党的指引下，身为交通兵团的排长，他积极劝说其他士兵，在他身边已聚集了一批人，随时准备起义，投奔红区。

1931年12月14日，二十六路军在宁都起义，一万七千多名官兵，在赵博生的率领下，跨过梅江，迎着朝阳，浩浩荡荡地开往苏区。行进在起义队伍中的罗忠毅昨天还是二十六路军交通兵团的排长，今天成了红军战士，他心中异常兴奋，脸上露出舒心的微笑。

15日上午，浩浩荡荡的起义队伍于傍晚到达固厚圩，立即受到根据地群众的热烈欢迎。儿童团、赤卫队、红军和老百姓有的打着火把，有的举着三角小红旗，有的敲锣打鼓，有的喊着口号唱着歌，比过年还热闹。热茶、热馒头、煮鸡蛋送到每一个起义战士手里，罗忠毅和每一位起义官兵深深地感到一种从未有过的温暖，戎马生涯，替军阀卖命，出生入死，以前无论走到哪里，哪里的老百姓都像见了瘟神一样躲起来。而今，刚刚踏上苏维埃这片土地，就好像回到家里一般，感受到了苏区的温暖，感受到能成为一名红军战士是多么的光荣。

当晚无线电波载着原二十六路军一万七千余名官兵的肺腑之言，正式向全国广播。宣言像漆黑夜空中一道耀眼的闪电，像沉闷宇宙中一声震耳的惊雷，向全中国人民庄严宣告：原二十六路军官兵不堪忍受国民党军阀头子蒋介石的压迫，集体起义加入到红军当中来，具有历史意义的宁都起义胜利了！

二十六路军起义后，被编入中国工农红军第五军团。罗忠毅在苏区亲眼看到红军部队的三大民主和官兵平等的新型关系，亲自感受到共产党的温暖和人民的关怀，他像久别的孩子见到母亲一样高兴。在部队整编中，他刻苦学习，努力工作，1932 年 6 月加入中国共产党。历任排长、士兵委员会主任、连长、营长等职。先后随军参加了赣州、漳州、水口、宜黄和乐安、建宁等战役，作战勇敢，冲锋在前。1933 年被选送到瑞金红军学校学习后，调福建军区司令部工作，先任参谋，后任作战科长，转战于闽西地区。曾任福建军区政治委员的谭震林同志，赞扬他"是一位很好的参谋人才"。

王直在《忠于信念》一书中称："罗忠毅同志不仅在战斗中'冲锋在前，退却在后'，而且在平时刻苦学习马列著作和毛主席军事著作。1933 年夏天，福建军区从连城转移到长汀十里铺，那时我在随营学校学习，罗忠毅同志经常给我们上课，他讲得深入浅出，通俗易懂，使学员们的军政素质提高很快。他谆谆教导我们，做一个红军战士既要有高度的政治觉悟，又要有过硬的军事本领，随营学校的学员要刻苦学习，出去之后才能结合实际，带好兵，打好仗。在他的精心培养和耐心教育下，这期的学员学习成绩绝大多数都是优秀和良好，结业后有的当了连长、指导员，有的当了排长。"

闽西三年游击战争

（1934—1937）

率部进入岩、宁、连游击根据地

★★★★★

（26 岁）

1934 年 10 月，红军主力长征后，罗忠毅任中央军区第三作战分区副司令兼参谋长，留在苏区坚持游击战争，当时敌强我弱，处境险恶。罗忠毅教育同志们要站在闽西南，看到全中国。他说："主力红军向西长征，吸引了敌人大量兵力，这对我们坚持南方游击战争是极大的支援，同样，我们在南方长期坚持游击战争，也会牵制住部分敌人兵力，对主力红军也是有力的策应，我们牵制住的敌人越多，时间越久，对主力红军长征的支援也就越大。"此后,他"在中央苏区与张鼎丞同志一道坚持了三年游击战争"。

开始，罗忠毅率领三分区司令部和明光独

立营先在连城的朋口一带游击，后转到岩（龙岩）、连（连城）、宁（宁洋）游击根据地，与红军独立第九团会合，并成立联合司令部。这时，敌八十师配合宁洋的一个保安团由连城、赖源进犯游击根据地，罗忠毅趁敌人主力离开据点，后方空虚之机，率部向敌后进攻，迅速攻克敌赖源据点，全歼守敌，俘敌数十名，缴获一批军需物资，取得反"清剿"的第一个胜利。

1935 年 2 月，敌八十师纠集敌第三师的两个团和漳平、宁洋的两个保安团，第二次向（龙）岩、连（城）、宁（洋）我军驻地进攻。敌人筑垒、修栅，准备长期围困我军。罗忠毅审时度势，指挥部队采用偷袭、奔袭、化装奇袭以及伏击等战术，充分发挥夜战、近战的特长，接连打了几个胜仗以后，率部挺进龙岩，然后转进上杭、永定、云和召、永和埔一带，以闽粤边为基地，继续坚持斗争。

王直在《忠于信念》一书中写道："记得 1935 年 1 月，二分区机关和红九团一、三营及明光独立营，由岩、宁、连游击根据地转移到上杭、永定地区时，有一天晚上部队通过龙长公路，在大池方向开来了两辆大卡车，马达轰轰响，车灯射出四道明晃晃的光柱，照得公路如同白昼。绝大多数战士没有见过汽车是个啥玩意儿，看到这种情况不知公路上'飞'来了啥家伙，尾随后面的炊事班赶快疏散隐蔽。车上的敌人没有发现我们，很快就开过去，部队还不敢动弹。由于连日行军打仗，战士们已非常疲劳，有的同志卧在草地上就睡着了。这件事被罗忠毅同志知道的时候，已是凌晨 4 点了，部队再往前走就有困难和危险，加上一时找不到向导，处于前不着村后不着店、进退两难的境地。好在罗忠毅同志对这一带地形比较熟悉，他当机立断，命令分区机关、明光独立营和红九团团部的炊事班返回到盘金岩、天池塘一带山沟里隐蔽休息。敌人千方百计侦探我部队的行踪，上午10点多钟，两架侦探机在大池、天池塘、盘金岩上空盘旋侦察。说起飞机部队更没见过，一听见'轰轰轰'的巨响，不少同志慌然不知所措。罗忠毅同志告诉大家，飞机是在高空飞的，只要隐蔽好，不暴露目标，就没有危险。一会儿敌机飞过去了，罗忠毅同志召集干部到岩洞开会。会上，明光独立营营长贺万德同志说：'敌机来侦察，说明敌人已经发现我们的行动，估计可能增兵到大池，拦阻我们通过公路。'罗忠毅同志说：'这种可能是有的，我们要很快派人去与前头部队的吴胜团长、方方政委联系，他们也可能派人来接我们。'事情真巧，他的话音刚落，吴团长他们派来与我们联系的参谋孔繁正就到了。孔参谋把前头部队通过的情况和现在的位置向罗忠毅同志作了汇报，吴团长建议罗忠毅同志晚上指挥部队继续通过，他派两个连在茫荡洋山脚下掩护。罗忠毅同志采纳了吴团长的建议，在干部会上把晚上行动作了布置，他说：'估计敌人晚上还可能继续封锁龙长公路，如果部队遇到敌人的阻击，要强行通过。现在部队组成两个梯队，我带两个连为第一个梯队，贺万德、赖荣传同志带两个连和分区机关为第二梯队。'零时，部队接近大池的敌人，哨兵发现了目标，并且立即向我军开枪。罗忠毅同志命令二连派一个排掩护，其他部队沿着水沟迅速通过公路，经过一番波折，部队顺利到达了指定地点——上杭茫荡洋大山的石铭村。"

闽西军政委员会委员

（27岁）

1935 年 3 月，张鼎丞、方方在永定的金砂召开闽西各红军游击队领导人会议，成立以张鼎丞为主席的闽西军政委员会，领导游击战争。会上决定罗忠毅带部队向永东金丰行动，与由龙岩转到该地区的红八团会合，共同打开那里的局面。罗忠毅率部贯彻了军政委员会的决定。

4 月，闽西党政军负责人第一次会议在永定县赤寨乡召开。陈潭秋传达了中央分局关于分散打游击的意见，会议决定将闽西军政委员会改为闽西南军政委员会，罗忠毅被选为委员。同时决定将闽西游击区划为四个军分区，罗忠毅任第一军分区（又称第一支队）司令员，方方兼政治委员。此时，进攻中央苏区的敌东路纵队第十师李默庵部、第九师李玉堂、第三师李延年部、第三十六师宋希濂部掉头"清剿"我闽西游击队。会后，罗忠毅为应付敌人"清剿"，拟率部打回岩宁连漳边去。刚到金丰大山，敌第三师的三个团已经到了永丰，准备进攻金丰大山雨顶坪我军驻地。罗忠毅和方方临时改变计划，从山腰森林中斜插过去，和敌人"调防"，巧妙地甩掉了敌人。不料，快到永乐时，遇到了15倍于我军的敌人挡住了去路，罗忠毅急中生智，取道永定大埔边界，将部队调到西边，然后从天子岽背后向下洋进发。沿途袭击了几个反动乡公所，又穿回金丰大山，向岩永边界进军，安全到达岩东十八乡独立八团游击根据地。

坚守岩、宁、连游击根据地；二支队参谋长，北上抗日

★★★★★

（28—29岁）

在岩东十八乡休整几天之后，罗忠毅带领明光独立营到龙岩、万安、溪口、白砂、雁石一带活动。由于叛徒出卖，敌人得知我军的驻地情况，集结优势兵力，向岩宁连游击根据地进攻。罗忠毅和方方决定分散隐蔽，避敌锋芒。当罗忠毅带领部队到达溪口河边时，天降大雨，河水骤涨。涉水过河时，方方不慎被水卷倒，罗忠毅力大手快，一把把方方抓了回来，使他免被洪水淹没。见此险情，他们只好停止渡河，躲在芦苇里。倾盆大雨，冲掉了战士们的脚印，敌人找不到我军的踪迹，忙乱一阵躲雨去了。大雨过后，罗忠毅和方方把部队带到荒山，大家背靠背坐了一夜，第二天，又冷又饿的战士，

越过几座山头，找到了一个不引人注目的偏僻小村，在那里破竹搭棚宿营，终于甩掉了敌人的追击。

崇山峻岭，人烟荒芜，经费无法筹集。罗忠毅一边用革命乐观主义精神教育和安慰同志，一边抽着烟想着克服困难的办法，最后决定：他和方方留在司令部筹款，副政委兼政治主任温含珍带明光独立营行动，司令部侦察参谋黄治平打入匪区，利用"土匪阿哥"对国民党的不满情绪，取得合作，共同对付国民党顽固派的"清剿"。在"打富济贫"的思想指导下，"土匪阿哥"很愿合作。接着，他们便把游击队的伤病员接去治疗，随后司令部也搬了进去，解了燃眉之急。

为了弄清敌人的部署，7月间，在"土匪阿哥"配合下侦察战士在雁北公路上打伏击，消灭了敌第十师的一个通讯班，得到了一份绝密文件，摸清了敌人的底细。罗忠毅和方方针对敌人的计划，摆了一个空城计，一举粉碎了敌人的进攻。

敌人上当以后并不死心，于8月中旬，再次疯狂反扑，向第一军分区中心地带大罗坪、石城旗、扁岭坑一带进攻。我军寡不敌众，红九团二营被敌人打散，敌人气焰更加嚣张，带帐幕宿营跟踪，放火烧山，坚壁清野，扬言"即使红军是一根针，也要把他找出来！"由于敌军重重封锁，反复"清剿"，第一作战分区的部队坚持小股分散活动，纵横穿插在敌人的包围圈里，与敌"搜剿"部队兜圈子、捉迷藏。白天三两个人一个组，利用悬崖陡壁、大树、山涧等天然屏障作为隐蔽栖身处所，晚上辗转流动，避开敌人追寻。他们针对敌人的诡谲手段，采取了相应对付敌人的办法，做饭时，用干细易燃的柴草生火，使其白天不冒浓烟，晚上则用衣毯围着生火，使其不露火光，洗涤米菜碗筷不留残渣，大小便随屙随埋不留痕迹，涉水过河不留足印，通过山路把茅草拨转修直，走泥浆地将鞋倒穿逆行，遇上草山先在石头旁埋伏，以防火烧，穿过密林则俯卧静待，防备敌人扫射。就这样，红军游击队避过了敌人无数次的"搜剿"，保存了有生力量，锻炼得更加顽强。以后，部队积累了对付敌人"扫荡"的经验，在敌人出动搜山时，就将部队分散到离敌防地不远处潜伏，以静制动，而不被敌人察觉，从而度过强敌疯狂"搜剿"的难关。

在对付敌人军事进攻的同时，第一作战分区想方设法保持同群众的联系，突破敌人的经济封锁，以解决粮食补给的困难。分区司令部抽调了一批同群众联系密切的地方工作干部组成岩连宁游击队，在地方党组织的配合下，小股分散活动，深入到万安、溪口一带去发动群众、筹粮筹款。在白色恐怖下，当地群众仍然舍生忘死地想尽办法秘密支援红军游击队。他们为红军送情报、送粮食、送药品，掩护伤病员，作出了重大牺牲。马家山、油水等地群众被迫移民时，将粮食埋藏起来留给红军游击队，梅村有的群众将毛竹打通竹节装进食盐，然后用来做篱桩打在围场边，通知红军寻机拔取，有的群众将藤上结的葫芦瓜里面掏空，装满咸菜，让红军侦察员夜里经过随手摘走。第一作战分区的部队依靠人民群众的广泛支持和灵活机动、分散隐蔽的游击战术，度过了敌人疯狂"搜剿"的最为困苦的时期。

1935年12月，敌人长期"驻剿"旷日持久，劳而无功，只好全部撤退。第一作战分区领导方方、罗忠毅等决定抓紧时间，进行筹款就食，休养生息，整顿部队。部队分成四股，每股四五十人，分别由方方、罗忠毅、邱尚聪、刘汉带领，单独活动，一面整训，一面打击助敌进攻的反动分子，帮助移民回归的群众重整家园，巩固同群众的联系。经过一个月的整训，部队恢复了元气，游击根据地也逐渐恢复了生机，从而度过了最为困苦的 1935 年。

1936 年 1 月 1 日，闽西南军政委员会在上杭县的双髻山召开全体会议，传达讨论中央"关于开展抗日，反蒋统一战线"的指示，总结闽西游击战的经验，研究确定了开展抗日反蒋统一战线工作的新方针和新策略。会议决定改闽西南红军游击队为"中国工农红军闽西南抗日讨蒋军"，将原四个分区合并为三个分区，罗忠毅仍任第一军分区司令员。

在艰难的三年游击战争中，罗忠毅率部和数十倍的敌人作战，屡次粉碎敌人的"清剿"，为发展壮大红军的力量，为闽西根据地的建立、巩固和发展作出了不可磨灭的贡献。

1937 年 4 月，闽西南军政委员会根据中央联蒋抗日的方针，发表致国民党粤军当局的公开信和致各界人民书。通过谈判和政治攻势，入闽"围剿"的广东军阀和国民党福建、闽西当局终于被迫承认了闽西南红军游击队的合法地位。7 月底，闽西国共两党在龙岩城和谈达成协议，并据协议闽西红军一千二百余人，于 8 月 25 日至 9 月 2 日分别在龙岩的白砂和永定的小芦溪"点编"，罗忠毅奉命率部下山参加。部队整编为"闽西人民抗日义勇军"，罗忠毅任司令员，随后部队进行了整训。这一千多人的游击队，是罗忠毅为革命事业保存下来的可贵的革命"火种"，后来成为新四军第二支队主力的一部分。

是年10月，南方各省游击队整编为"国民革命军陆军新编第四军（简称新四军）"。闽西南等红军游击队被改编为新四军第二支队，张鼎丞任司令员，谭震林任副司令员，罗忠毅任参谋长，王集成

▽ 龙岩二支队司令部旧址

任政治部主任。1938年2月27日下午，全支队（除浙南游击队改编的四团三营外）两千四百余人在白土镇西边广场举行北上抗日誓师大会。3月1日部队由白土出发，至4月初到达军部指定地点——皖南歙县岩寺地区的潜口。

二支队成立以后，部队思想比较混乱。这两千四百余人，来自四面八方，又面临国共合作、统一战线、北上抗日、远离家乡等现实问题，给部队带来了各种影响。为了做好既照顾"山头"又统一集中的工作，罗忠毅提出要以古田会议决议的建军原则来建设部队。他说："当前要做的事情很多，但千条万条，最根本的一条是要抓好在新形势下巩固和扩大部队这一条。"党组织采纳了他的意见，部队广泛开展了政治教育和军事训练，从而提高了部队的政治素质和战斗力。

在从闽西去皖南的途中，罗忠毅注意用自己的行为去影响部队。他时刻关心同志，处处严以律己，支队政治部宣传队的同志，大都是从漳州、厦门来的学生，第一次长途行军，困难很多。罗忠毅总是细心观察，发现问题及时解决。他看到宣传队的女同志走路很吃力，就千方百计让她们乘汽车。看到宣传队队员小芦爬南山时脚起了血泡，便把自己的马让给小芦骑。

3月11日，部队在汀州宿营，第二天出发时，罗忠毅发现房东的两只水桶丢失了，他立即指示政治部民运队张化南干事照价赔偿。那位老乡说什么也不要，找到罗忠毅说："水桶早晚总会找到的，还赔什么钱哪！"罗忠毅解释说："丢失东西要赔，这是红军的纪律啊！"老乡只好感激涕零地收下了。

罗忠毅这种作风，受到广大指战员和沿途广大人民群众的赞扬，对部队的建设起到了良好的作用。

转战苏南

(1938—1940)

新四军二支队东进，和粟裕一道指挥官陡门战斗

★★★★★

（30岁）

1938年6月，新四军二支队奉命东进。这时，张鼎丞司令员留在皖南处理遗留问题。罗忠毅和王集成率司政两部和三团、四团的一个先遣营挺进苏南敌后，在小丹阳地区与率领先遣支队挺进江南敌后的二支队副司令员粟裕会合。遂将部队展开于宁（南京）、芜（芜湖）铁路以东，宁、杭（杭州）公路以西的江宁、当涂、溧水、高淳地区，开始创建以茅山为中心的苏南抗日根据地。

8月下旬，南京、芜湖的日军集中四千余人，分八路向以小丹阳为中心的地区进行"扫荡"。罗忠毅率领二支队跳出"扫荡"圈，采取分散游击扰敌的办法，奋战五天，粉碎了敌人的"扫

荡"，并收回小丹阳地区。

1938年罗忠毅和张鼎丞、粟裕在安徽指挥了水阳之战。

战斗结果给群众以极大的兴奋，予敌人以相当打击，敌死伤数十名，提高了部队战斗情绪并教育了部队。此次战斗虽未将敌全部消灭，亦予敌以沉重打击。

1939年1月20日，在粟裕、罗忠毅指挥下，三团发起了官陡门战斗，全歼伪军，俘、获人枪各七八十，我军仅伤战士两人，创造了以少胜多的光辉战例。

1938年冬到1939年春，罗忠毅和二支队的全体指战员，在敌人密集的据点网中搞钻心战术，开展游击战争。他们紧密地依靠群众，依靠内部坚如磐石的团结，狠狠地打击了敌人，壮大了自己，在日伪心脏的南京近郊开辟了抗日根据地。

→ 江南指挥部参谋长，艰苦缔造苏南根据地

★★★★★

（31 岁）

1939 年 11 月，新四军第一、二支队领导机关奉命合并，在溧阳水西村成立新四军江南（指江苏南部）指挥部，陈毅任总指挥，粟裕任副总指挥，罗忠毅任参谋长。1940 年 1 月，罗忠毅还亲率二支队开辟句北地区，与"扫荡"该地的敌军发生几次战斗。

江南指挥部设在溧阳水西村原一支队驻地。从各部队和皖南军部来的干部，充实了领导机构。一时这里热气腾腾，兴旺活跃。陈毅、粟裕亲自为干部讲党课，讲军事课。罗忠毅以严肃认真的工作态度，为健全和加强司令部，协调不同"山头"来的干部间的关系，做了大量工作。他谦虚谨慎，以身作则，得到了同志

们的信任和尊敬。

　　江南指挥部遵照中央"向北发展"的指示，于1940年2月，把江南人民抗日义勇军与丹阳游击队合并为新四军挺进纵队，派遣北上，开展扬中、泰州地区抗日游击战争。另以第四团主力为基础，组成苏皖支队，渡江北上，向仪征、天长、六合发展。江南指挥部以原二支队机关和直属部队，在安中里村成立新的第二支队。同年6月，在国民党顽固派军队的进逼下，罗忠毅率二支队随江南指挥部从溧阳水西地区撤移到茅山地区。

△ 罗忠毅（右二）、廖海涛（右一）、邓仲铭（右三）、李坚真（右四）在苏南。

→ 新四军江南指挥部指挥，新四军二支队司令，担起苏南抗日重任

★★★★★

（32岁）

7月，陈毅、粟裕率领江南新四军主力北渡长江后，罗忠毅留在江南，重组江南指挥部，担任总指挥，后成立苏南军政委员会，由邓仲铭（即曾任中华苏维埃劳动部长的邓振洵）、罗忠毅、廖海涛组成，邓仲铭任书记。陈毅北渡前，曾向护送他的钟国楚说："请转告罗忠毅同志和廖海涛同志，坚持茅山地区的斗争，就由他们负责了。"10月，黄桥决战时，罗忠毅亲率留在丹北的四团三营驰援。黄桥大捷后，罗忠毅仍回茅山地区，就任二支队司令员。他领导新二支队机关和苏皖区党委一部分人员、二团、四团（缺三营）、新三团、独一团、独二团以及

地方武装共三千余人坚持江南敌后斗争，布防于茅山至太（湖）、滆（湖）的丘陵水网地区，战斗在敌顽夹击的艰苦斗争环境中，其后，罗忠毅率四团的第三营在丹（阳）北地区开展游击战。他运用灵活机动的战略战术与日军、顽军周旋。在战斗中他既是指挥员，又是勇敢的战斗员，打起仗来，他总是身先士卒，越是枪林弹雨中，越见他稳若泰山。由于罗忠毅指挥有方，仅靠一个营的兵力，在当地党组织和人民群众的支援下，完成了陈毅交给他阻止国民党军三战区顾祝同部进入苏北以及保证皖南新四军军部和茅山根据地联系畅通的任务。

此时，罗忠毅在丹北地区和战友柳肇珍结婚。

11月下旬，二支队奉命接运皖南新四军部队经苏南渡江北上。罗忠毅由丹北地区回到茅山根据地，与二支队副司令员廖海涛会合，一同到达竹簧桥、水西、陶林、棠荫一线。准备接运皖南新四军军部第一批经苏南去苏北的人员。这时，日军对丹北、茅山地区持续反复大"扫荡"，苏南敌后形势十分紧迫。罗忠毅令独立二团和长滆人民自卫团向南移动，负责监视溧阳、张渚方向的国民党军队，新三团留在茅山地区敌后游击。12月初，日军又对茅山地区进行大"扫荡"，在我中心区延陵、九里、丁庄、西旸、浦干、柳如、茅麓等地筑下二十余处据点，大肆烧杀抢掠。同时，切断了茅山通往丹北转赴苏中地区的南北交通线，使新四军军部先期撤出的经苏南北上的第一批人员，不能通过京沪铁路封锁线，而被迫滞留在茅山地区。罗忠毅针对当时形势，对部队作了新的部署：

新三团仍分散留在茅山地区，原地坚持，廖海涛率四团一个营插入太滆地区，配合当地独立二团向东南方向发展，打通与东路谭震林处的联系，掩护军部先期撤出人员和后勤物资经由武（进）北地区渡江北上，罗忠毅率第二支队司令部及四团的两个营仍留溧阳、溧水地区，准备迎接新四军军部及皖南部队经苏南北上。

△ 罗忠毅的战友和妻子柳肇珍

1941 年 1 月 4 日，罗忠毅收到新四军军部发来的电报，获悉皖南部队已由泾县云岭出发。当晚，罗忠毅率司令部移到溧水地区经巷宿营，向西与四团靠拢。7 日，又接军部来电，得知皖南部队在移动中遭国民党军队拦截袭击。13 日，罗忠毅率部在溧水尤村宿营时与军部电台联系突然中断。14 日以后，数日呼叫不出，不明战情。后来从国民党和日伪出版的报纸上才获悉皖南事变中新四军军部被围歼的消息。

皖南事变后，苏南形势极其险恶，敌顽夹击，战斗频繁。罗忠毅所部几乎天天战斗，夜夜移营。有时竟一日数战，一夜三移营。罗忠毅依靠二支队的力量，在各县武工队和秘密交通站的帮助下，克服许多无法想象的困难，把皖南事变前从军部撤出的人员和皖南事变中分散突围的同志如傅秋涛、江渭清、胡立教、杨帆等共一千余人经过苏南，先后安全地转移到苏北。

罗忠毅保护了同志，却失掉了亲人。1941年2月20日，在西施荡（又名西池塘）战斗中，罗忠毅的战友、妻子柳肇珍光荣牺牲。他强忍悲痛，继续指挥部队行动。在扶风桥、芳桥、屺亭桥的战斗中，他带头冲锋，打了一个又一个漂亮仗，取得了一次又一次的胜利。当时有人评价说："罗司令指挥两三个连就好像一两个圆球放在手里一样灵活，在敌包围中，他带一两个连突围，就好像在人丛中抛出两个球一样轻松与安全。"一次在和敌人遭遇时，战士们有的只有三发子弹，罗忠毅说："不打，明天回敬他。"一会儿敌人就不知道我军的踪影了。同志们赞扬说："跟罗司令一起打仗，伤亡少而缴获多"，"跟罗司令一起宿营，是可以安心睡觉的"。

→ 黄金山三战三捷，重新打开苏南抗战局面

★★★★★

（33岁）

    1941年3月，新四军按中央军委命令，开始整编为七个师。罗忠毅领导的二支队改为新四军第六师第十六旅。谭震林任六师师长，罗忠毅任六师参谋长兼十六旅旅长，廖海涛任旅政委，王胜任旅参谋长。不久，黄金山反顽战斗便打响了。

    5月21日，国民党顽固派第四十师一个团，由溧阳县前马、后周方向宿营在黄金山的十六旅旅部和驻在戴巷的四十六团发起进攻。旅党委决定，对进攻的顽军坚决予以还击。谭震林坐镇指挥，罗忠毅亲临前线作战。当天下午，顽军出动两个营兵力，首次向我阵地进攻，由于罗忠毅指挥得当，全体指战员奋勇杀敌，到

黄昏时，全歼顽军一个连，击溃一个营，残敌仓皇逃窜，初战告捷。谭震林、罗忠毅料到顽军不会甘心失败，遂布置四十六团及其他部队，选择有利地形，做好埋伏。不出所料，第二天顽军出动两个团的兵力，再次向我黄金山阵地扑来，进入我火力圈后，罗忠毅命令伏兵出击，经半天激战，歼顽军两个连二百余人，顽军败退。国民党军连吃败仗，恼羞成怒，经一天拼凑，集结三个团的兵力，于24日，由国民党军第四十师师长亲自指挥，第三次向我黄金山发起猛攻。罗忠毅指挥部队抢占有利地形，并在黄金山两侧构筑阵地，作好了坚持主阵地的准备。战斗打响后，罗忠毅又命令四十六团迂回顽军后方，趁敌不备，发起攻击，打得顽军溃不成军。罗忠毅指挥部队乘胜追击，又歼顽军两个营，一直把顽军赶到竹箦桥以南。黄金山反顽战役前后持续四天，三战三捷，共歼敌顽四个营，击溃顽军七个营，俘敌官兵五百余人，缴获很多，光子弹就有几万发。

黄金山反顽战斗三战三捷，狠狠地教训了消极抗战、积极反共的国民党顽军，迫使他们在较长的一段时间里，不敢对新四军发动大规模军事进攻。可以说，黄金山战斗是十六旅坚持苏南斗争的一个转折点。这一胜利，为尔后十六旅部队西返溧水、北返茅山，恢复第二、第三游击区 (1940 年 3 月中共苏皖区党委和新四军江南指挥部常委，召开各县县委书记参加的联席会议。会上决定撤销苏南、苏皖两个特委，将全区划为四个游击区，每个区设一个中心县委，第一游击区在丹北地区；第二游击区在茅山地区；

第三游击区在江(宁)句(容)横山地区；独立游击区在石臼湖西南)原有的阵地，创造了极为重要的条件。

黄金山战斗体现了罗忠毅高超的指挥艺术，在极其危险的时刻，他使十六旅获得立足点，为重新打开茅山抗战的新局面作出了重要贡献。

黄金山大捷后，谭震林返回东路六师师部，邓仲铭同行。罗忠毅率十六旅西进溧水，北返茅山，肩负起坚持茅山根据地抗日斗争的重任。

风云塘马

（1941）

→ 打开茅山抗战新局面

（33 岁）

5 月份，十六旅在谭震林、罗忠毅指挥下三战三捷，顽军退到了前马、南渡一线，溧阳北部出现了一个真空地带。十六旅在溧阳北部暂时站稳了脚跟，获得了一个短暂的休整机会。5 月底，谭震林、邓仲铭北上，整个苏南抗战的重任压在了罗忠毅、廖海涛的肩上。

自陈毅、粟裕率江南指挥部主力北上后，罗忠毅担任了江南指挥部指挥，后又担任二支队司令。1940 年 10 月成立了苏南军政委员会，他和邓仲铭、廖海涛都是委员。同时，他们三人又都是苏皖区党委委员，茅山地区的工作主要由他们三人负责。六师成立后，他和谭震林一道负责苏南抗战的重任。现在谭震林、邓仲铭二人北上，整个苏南党政军的担子全由罗忠毅、廖海涛负责，罗忠毅是主要负责人。

皖南事变后，当时在茅山地区的二支队受日顽夹击，被迫转入太滆地区。原先溧武路以南新四军活动的地区几乎为国民党所占，而溧武路以北地区的茅山一带，日军乘机筑起了许多碉堡。郭庄庙、南镇街、石马桥、西旸、九里、延陵、珥陵、大浦干、宝埝，日军据点林立，气焰十分嚣张。在溧武路以南地区的罗村坝、指前村也筑起据点。

十六旅在溧阳北部黄金山立住了脚，但形势十分险恶。旅部居地戴巷距日军罗村坝只有几公里，随时有被敌人侵袭的危险。

罗忠毅、廖海涛权衡再三，决定把旅部移至戴巷西南四公里的塘马村。

罗忠毅为什么要把旅部移居塘马? 这缘由是基于以下两个原因：1. 从地理上讲，塘马离日伪的据点较远，离国民党的防线也有一定的距离。十六旅西进溧阳、占领北部地区后，这一地区的战略地位十分重要，它是北依茅山、南连郎广、东联溧水、西接太滆的枢纽地带，是黄金山三战三捷后才取得的战略要地，十六旅必须控制这一地区。且塘马西北、正北、东北都是相对较高的丘陵山地，南面是广阔的平原，是屯兵据守的好地方。2.那儿的群众基础较好。塘马地区的群众在陆平东、陈练升、陶阜匋等人的领导下，积极抗战，反对顽军，支持新四军，塘马村的地方绅士刘赦大、刘秀金、刘正兴、刘正法广散家财，支持抗战。青年刘书庚、刘洪生、刘洪林、刘良超积极参与新四军组织领导的抗战活动，村民们都表现了极其高涨的抗战热情。这样的群众基础在当时极为险恶的形势下显得十分重要。

所以罗、廖率部一到塘马，便受到百姓的热烈欢迎。罗忠毅和司令部同志居住在村东族长刘赦大家，廖海涛和政治部的同志居住在村中间刘正新家，苏皖区党委机关人员居住在刘氏宗祠的东面刘秀春家，医疗所设在村北的小祠堂，大祠堂是旅部开会、文工团演戏的场所。

新四军进入塘马后，塘马村民感受到了从没有过的新鲜，春风扑面，光明四射。有了操练声，有了歌声，有了口号声，有了宣传声，更有那温情和极度的安全感。未及天黑则闭户不出、日夜害怕兵的日子一去不返。免租、免税，有病还能得到医治，他们真正遇到了救星。

罗忠毅召集群众召开大会，作演讲。村民为其刚毅的神情、凛然的气质所折服。他们不大听得懂北方方言，但还是有几句听得明白的：“不要怕，不要怕，我们是新四军，是共产党的军队，日本鬼子没什么了不起，大家不要怕。”

罗忠毅常常和村民交谈。村西祠堂西侧有一村民刘秀金家，门前有一棵巨大的榉树，榉树下有一石桌、几张石凳。罗、廖在大祠堂开完会常和刘秀金夫妇交谈，宣传抗日道理。其子刘洪生常在一旁聆听，逐渐接受了抗日救国的思想，迅速投入到抗日的洪流中。1942年他加入了中国共产党，成为后周一带在本地最早加入共产党的成员之一。

△ 塘马战斗前罗忠毅（中）、廖海涛（右）、王直（左）合影

　　村西头的刘良超夫妇晚饭时见罗忠毅、廖海涛
散步前来，便到菜园采了几根黄瓜送给罗、廖，罗、
廖吃完后即行付款，夫妇俩说什么也不肯收，第二
天，夫妇俩发现盐罐中留有钱币，知道是罗、廖所为，
感动万分。

　　村民们陆陆续续接受了新四军、苏皖区党委文
化工作人员的宣传教育，他们觉得进入了一个新的
天地。

　　在形势十分危急的情况下，十六旅在狭小的
塘马一带有了一个较为安全的生存空间。罗忠毅
又采取了一系列措施，如减租减息，帮助农民生产

劳动，解决农民实际困难，揭露国民党顽固派针对皖南事变的谎言。廖海涛派遣政治部工作人员到后周街、后周小学进行抗战宣传。十六旅终于在溧阳北部站稳了脚跟，揭穿了日军宣称的新四军已被消灭、顽军宣称的新四军是叛军的谎言。

十六旅虽然在塘马地区站稳了脚跟，但形势十分严峻。就其兵力而言，十六旅只有四十六团、四十七团、独立二团。四十六团三营又去了苏北，人数仅两千左右，而独立二团的程维新部还摇摆不定。就其地盘而言，皖南事变后，茅山地区几乎全部丢失，真正实际掌控在十六旅手中的地盘只有太滆地区的闸口一带和溧阳北部的塘马地区，其他地区如四十七团等部转战的二、三游击区，根本不是根据地。

就军事态势而言，可以说严峻依旧。7月1号，敌伪在江南"清乡"，而国民党方面，反共顽固派连续不断派其杂色部队，如"忠救"及保九旅张少华部，用投敌之阴谋，深入敌后，抢夺敌后，在太湖、长滆、太滆构筑据点，配合敌进攻新四军。企图摧毁我抗日民主政权，屠杀抗日分子，威逼收买地主武装、地方实力派、中间阶层及上层分子等等。此时敌后与顽敌的斗争已变得更加残酷和尖锐，5月份黄金山三战如不能取胜，旅部还不知转移到何处。罗忠毅十分焦虑，常常站在村东塘马河边的长长的石阶上深思。

为了打开茅山地区的新局面，罗忠毅与廖海涛反复考虑，决定兵分二路，拓宽十六旅的生存空间。一路由廖海涛率领四十六团一营北进茅山，加以茅山保安司令部，拔掉日伪据点。另一路则由四十七团部率主力两个连，配合地武一个连，在长滆、丹金武行动，其任务主要是打击和消灭敌之张少华部，坚持长滆，向丹金武发展。罗忠毅自己则亲自前往太滆地区程维新部做好程维新的工作。

7月份，廖海涛率领四十六团一个营北征茅山，连战皆捷，月底回到塘马，罗忠毅紧紧握着他的手："老廖，打得好，打得好呀！"

廖海涛笑了笑，征尘未洗。脸黑了，也清瘦了许多，胡子也长得长长的，但精神却格外地饱满："是战士们的功劳，是人民群众的大力支持。"

廖海涛率四十六团一个营、第五行政区保安司令部的武装，攻下了延陵、九里、西旸、石马桥、大浦干、高庙、柳茹、上会、马陵、东荆塘、东昌街、郭庄庙、龙都、索墅、官塘、麦溪、南镇街等十七个据点。同时相继收复了丈山、丁庄铺、全州、十里牌等地。

好消息不断传来，四十七团在长滆地区对张少华部采取了针锋相对的斗争，狠狠地打击了张的嚣张气焰，并对投敌之顽军采取积极进攻的防御政策。恢复了金丹武，打下了里庄桥、蒋墅桥。四十七团屡屡获胜，战斗力提高了，并且发展了一个连主力，获得了部分补充。

罗、廖乘军事上的一系列胜利，又积极采取了新的攻势，对伪军采取了一打一拉。在里庄桥消灭了部分伪军，争取了其他伪军。如：丹阳的陈文章、刘洪奎部一百五十人左右，被改编为警卫二营。溧水六区朱桢祥，集中了六十人左右。句容四区伪自卫团戴锡波部五个分团中有三个分团同情新四军，人数有二百人左右。对延陵的贡友三，在写信、利用其徒弟劝告无用的情况下，便将其在柳茹担任伪自卫团长的独子抓来，再与贡友三谈判，贡友三的态度终于有了转变。

十六旅取得了一系列胜利，战略空间大大拓宽。茅山地区基本恢复。挥戈西进，恢复江、当、溧地区指日可待，前景一片光明。

但罗忠毅没有沉浸在喜悦之中，经历无数次艰难战斗，经历过无数次的风浪冲击的他，具有敏锐的判断力。他在暂时的兴奋后，又神情冷峻地面对现实，剖析起现实来。

日军抽兵南下，虽然茅山大小据点被毁，重兵集结于城市和重要的交通线上，但扫荡的势头没有削减之势。国民党顽固派黄金山三战受挫后，暂时没有进攻的企图，但他们占有郎、广山区和溧阳的大部分地区，随时可能向十六旅扑来。十六旅两面作战的态势丝毫没有改变。

果然，十八旅在敌人东路"清乡"下连连受挫，茅山的形势又一下子严峻起来。

罗忠毅约廖海涛到村东司令部商议，准备采取一系列措施，有效地实现自己的战略构想。

廖海涛是军政双全的新四军高级将领，三年游击战争，在闽西，他军政双挑。抗战后来到苏南，也军政双挑。对于战争这门艺术他有着超常的判断力和构想力。

他的想法和罗忠毅差不多，先建立稳固的根据地，就像闽西的双髻山一样，有了根据地，一切就好办了。当然根据地的建设又离不开武装力量的发展和经济的保障，这些都是互为因果的。

两人商量许久，决定采取如下措施：

在军事上：一、加强整训。四十六团仅有七个连，团部率四个连在靠近旅部的后周一带整训。旅部率教导队、特务连、四十七团一个连、四十六团团部及四个连、第六行政区保安司令部两个连，以黄金山为中心，进行整训及扩大工作。计划7月下半月起到10月新四军成立四周年纪念止，旅部及溧武路以南、长荡湖以西之部队，对敌伪采取防御，对顽采取自卫守势。二、派遣钟国楚、黄玉庭率部西进，恢复江当溧地区。三、迅速组建四十八团，四十八团在8月已由军部决定组建。

罗忠毅与廖海涛商议，四十八团在太滆地区活动，形势非常严峻，需派得力的将领去担任干部。

想来想去，决定派旅参谋长前去担任团长，熟悉太滆地区工作的原独立二团的政治处主任罗福佑为政委。

如果四十六团能在西部打开局面，四十八团在东面有所建树，旅部在溧阳北部策应，互为犄角，相互支援。那么在对敌作战的战略选择上就有了很大的余地。

政治方面，在反"清乡"、反投顽、继续坚持发展苏南斗争总任务下，政治上采取进攻态势。在宣传口号方面作了调整，如太湖、太滆、长滆以反"清乡"、反投敌顽军并重。在溧武路以南黄金山山区，取消"打进山里去，活捉顾祝同"的口号，代以"团结抗战，反对摩擦，实现民主、进攻的防御"。在二、三游击区，以反敌汪"清乡"，准备恢复二、三游击区，用"宽大为怀，争取政策"等口号，亦采取进攻的。在溧水方面，以"团结抗战，维持地方治安"为口号。

在经济方面，执行党的经济政策及上级的指示，主要作经济斗争。对经济进行开源和整理。对经济开源：1.开展新地区；2.拨一部分资本去投机；3.印发流通券，原定计划五十万（名称"汇业流通券"）；4.节约。

在政府方面，在建立金坛县政府、武进县政府的基础上，成立第五、第六两个行政专署、两个保安司令部。溧武路以北，铁道以南，丹金路以西划为第五行政专署。以巫恒通任专员，樊玉琳任司令。溧武路以南、长滆、丹金武、太滆、太湖为第六行政署区。专员朱春苑兼保安司令。必要时，第五、第六两个行政区及保安司令部合并为苏南行署及苏南保安司令部，编成苏南警卫团。第一团不设团部，直归保安司令部指挥。

经过罗、廖的苦心经营，苏南抗战出现了崭新的面貌。二、三游击区由于战士们的努力，连拔据点。加之敌人抽兵南下，兵力不足，无法再去构建小据点，茅山一带的乡村已牢牢掌握在新四军手中。金丹武、太滆、长滆地区也有了长足的发展。四十八团组建已成，王胜前行锡南，主持锡南、苏西的斗争。溧阳北部塘马地区，第一期整训效果良好，重新组建四十六团三营。待整训完毕，四十六团旋即西进，完成江当溧地区的战略任务。

一切的一切出现了前所未有的光明，这和中秋时分秋谷的成熟显现的金黄色形成了一种极致的和谐。

10月，师部命令以五十二团二营为基础和太湖支队、苏南蔡三乐部合编成立四十八团，归十六旅建制。任命王胜为团长、罗福佑（独立二团政治处主任）为政委、顾复兴为副团长、胡品三为参谋长、张鏖为政治部主任。太湖支队第一、二连和常备队为一营，五十二团二营为二营，蔡三乐部为三营。

罗忠毅总觉得有些不踏实，本来8月军部组建四十八团，他设想四十八团奋战太滆。若打开太滆地区的局面，不但可以管制好独立二团，还可以和塘马地区甚至和待开辟的江、当、溧地区相互策应，可以说是十分理想的战略部署。可惜十八旅受挫，全部北上，十六旅孤悬江南，形势又严峻起来，如果四十八团在锡南立不住脚，那就麻烦了。

这种忧虑并非空穴来风。这五十二团二营原是十八旅的部队，是谭震林扩军所建，军政素质高，自然值得信赖和依靠，可这太湖支队就比较复杂了。

另外，蔡三乐部是由伪军策反而来，军政素质可想而知。这四十八团改造工作可不容易呀，所以得派得力的将领去。

王胜经历过极其艰难的闽西三年游击战争，又长期担任军队的领导。抗战四年，表现出色，又长期在一线指挥，应该说是比较理想的人选。罗福佑是江西人，也是老红军，全家都被国民党杀害了。他长期担任红军干部，抗战后也屡建战功，在独立二团担任政治处主任时，也表现不错，在对程维新的工作时，表现出了较高的政治水平。由此二人前去，应该是没有问题的。

王胜终于去了锡南，情况如何呢？罗忠毅很不放心。

果然，他的担忧应验了。

原来苏征西、罗春亮发生叛变了。王胜的到来，证实了太湖支队上升主力部队整编的事。夜半人静，有人冒用司令顾复兴的名义，通知一连、二连到司令部集合。司令部是一幢三开间三造进渠的大宅，前面还有围墙、墙门。墙门口有两个卫兵，后门已被监视。顾复兴住在第二造中厅的东间房里，警卫班在中厅的两间住宿，其他人分布在第三造和第一造屋内。

苏征西、罗春亮、陈世忠等七八人进去"兵谏"，威胁顾复兴叛变。顾复兴坚决不同意，并要苏征西等放下武器。于是苏征西、罗春亮命令手下把顾复兴立即捆起来，还命人去搜捕顾肇基、詹厚安，还去团部抓王胜。搜捕、抓人不成，便胁裹顾复兴等将太湖支队两个长枪连的大部人枪带走，带到皖南广德横岭国民党忠救军总部关押。

→ 巫恒通纪念大会

★★★★★

（33岁）

听到苏征西、罗春亮叛变的消息，罗忠毅忧心忡忡。罗忠毅与廖海涛商量后，电告王胜、罗福佑不要受叛变的影响，抓紧部队的整顿，要尽一切力量打开锡南斗争的局面。

但不久，王胜、罗福佑回电说日军即将要对锡南实行"清乡"。罗忠毅一下子皱起眉头来。

"如果清乡,那么四十八团很难在锡南立脚了。若不处理好,那么要蹈十八旅的覆辙。"他电告王胜、罗福佑务必查明实情,再作处置。

就在"苏罗叛变"、"敌人要在锡南清乡"时,另一件事还揪着罗忠毅的心。那就是9月14日第五行政区督察专员巫恒通被俘后绝食而亡。

原来9月6日,巫恒通与句容县机关少数随行人员在句容二区中心乡大坝上突遭敌伪袭击。巫恒通不幸被俘。后敌将巫恒通视为上宾,多次派人诱降,连周佛海也派心腹劝降。巫恒通嗤之以鼻,绝食八天后,壮烈殉国。

▽ 1941年10月10日巫恒通追悼会于溧阳塘马举行,罗忠毅敬献花圈,乐时鸣主持会议（左为罗忠毅、右为乐时鸣）。

自抗战后，有许多战友倒下了。罗化成、袁先锋、任迈、李复、王丰庆，还有妻子柳肇珍。如今，巫恒通也倒下了。罗忠毅悲痛异常，决定在旅部召开纪念大会，教育全旅化悲痛为力量，在艰难异常的时期夺取战斗的胜利。

10月10日下午3时，乐时鸣用极其沉痛的语调宣布"巫恒通纪念大会开始"，罗忠毅主祭，廖海涛发表演讲。

→ 卓有成效的整训

★★★★★

（33岁）

巫恒通纪念大会刚刚结束，王胜回到了塘马。原来王胜、罗福佑又打电报给师部，说敌人要到锡南"清乡"。锡南地方太小，若敌人"清乡"，部队不作处置，后果实在难测。

谭震林通过电文和罗忠毅决定让王胜回来汇报工作，让罗福佑全盘主持锡南抗敌工作，再坚持一下，若实在不行，可撤至茅山地区。

罗忠毅听了王胜的报告，眉头紧锁。他叹了口气："若真正不行，先撤到这儿来吧。不过那边绝不能放弃。四十八团西移，程维新的压力就大了。你们在那边，好镇住他，四十八团若过来，还要留下一些人马在原地坚持斗争。"

王胜讲述了"苏罗叛变"的一些情景，叹息没有早日消除苏征西、罗春亮这个隐患。罗忠毅点了点头："事情过去了，重在吸取教训，好好总结一下吧。不过，地方党过于干预，使我们的军事行动显得有些迟缓。让罗福佑好好抓好党建工作，不要让党的工作和军事斗争产生矛盾。明天要举行建军四周年活动。我们要抓住这个庆祝大会总结四年抗战的经验。展望一下国内外形势，确立一下现阶段的任务。一定要让苏南抗战局面有实质性的变化。"

罗忠毅为何要把整训放在如此重要的地位？一是现实所需，二是经验使然。

罗忠毅上过国民党的中山军事学校，也上过共产党中央苏区的红军大学，又有在国共两党军队中战斗的经验。他深知中国军队之落后，只有整训才能提高部队的军政素质。在闽西岩、宁、连根据地，在江南指挥部时期，他成功地组织了短暂的军事整训，这些整训为红军取得反"清剿"的胜利、为江南指挥部的作战部队在军事上取得抗战的胜利作出了不小的贡献。

另外，十六旅成立时便提出要建立一支正规化部队。

罗忠毅完全同意廖海涛的建议，在战斗的间隙，在整训的尾声举行体育比赛。

在10月12日举行新四军成立四周年大会不久，全旅举行运动会和文艺活动，地点在塘马村大祠堂东小广场"丈三完"，以及村东打谷场和村北火星塘西侧的收割完的稻田里。

比赛项目有：着衣紧急集合、步枪射击瞄准、投掷木制手榴弹、政治测验、歌咏活动、墙报评比、伙房比赛、篮球比赛。

晚上，在村东广场上搭起戏台，点起雪亮的汽灯，旅部文工团演出精彩的文艺节目。

运动会开了两天，村东谷场上热火朝天、气象升腾、丈三完操场上歌声嘹亮，军号声声，伙食房内香气四溢，欢笑声四起。

大会结束后，评出优胜，罗忠毅发言，表扬了指战员参加比赛的认真精神，指出军队体育比赛的重大意义，号召指战员不断努力，提高军政素质，迎接艰苦战斗的到来。

紧急转移，果断处理罗福佑事件

★★★★★

（33岁）

四十八团于11月5日来到塘马。由于"苏、罗叛变"带去了一营大队人马，所以四十八团一营被取消。未被劫持走的干部战士和常备队统编入第四十八团二营。太湖支队特务连（蔡三乐部）归四十八团建制，称四十八团特务连。三营撤销，留在苏西坚持斗争。

罗福佑从锡南来到宜兴，在和桥住了几天，又来到塘马。

塘马一下子涌进五六百人，顿时热闹起来，兵强马壮，热气腾腾。但罗忠毅有些忧虑。一是失去锡南，战略上有些被动。另外，自王胜汇报工作后，罗忠毅和谭震林商议后，决定把四十八团撤至茅山。但罗福佑拖到11月5日才把部队带到塘马。部队松松垮垮、行动迟缓。

罗福佑一见到罗忠毅、廖海涛便大倒苦经。一面责怪黄烽没有采取顾肇基、詹厚安的建议，没有把苏征西旧部表现嚣张的少数骨干分子一网打尽。一面又说师部心太软，在张鏖请示师部对苏征西旧部缴械重编时，不该因地方党的看法不同，未予批准。最后又说日军"清乡"如何如何厉害，若不及时西撤，有可能身陷绝境，全军覆没。

罗忠毅听完汇报，半晌才说："既来之，则安之，先把部队安顿好，抓紧整训。"

四十八团在罗忠毅安排下来到黄金山一带进行整训。

四十八团来到塘马地区两天后，便是十月革命纪念日。11月7日，在塘马西北的戴巷举行十月革命纪念日的纪念活动。

11月7日，是苏联十月革命纪念日，十六旅宣教科与战地服务团组织文艺演出。演出前，首长照例要讲上一段话，罗忠毅简单讲了一下十月革命和抗战的意义，廖海涛则讲述了苏联抗击法西斯德国和中国人民抗击日寇的前景。7点整，文艺演出正式开始，许彧青和芮军自然是忙出忙进。史毅、陆容、潘吟秋、徐若冰、夏希平等人纷纷亮相，或吟诗，或唱歌，或舞蹈，最后演出苏联名剧《文件》。

罗忠毅坐在戴巷的祠堂里观看演出，这样热闹的气氛很难得，中秋节在塘马刘家祠堂看演出，过了一下戏瘾。罗忠毅自那以后忙于部队的整训及部队的建设，绝少有机会和闲暇去看戏，今日，庆祝十月革命,看一看战士们演出文艺节目,换换脑筋,调节一下身心。

突然,通讯兵送来了极重要的情报,当罗忠毅与廖海涛在旅部居住的小屋里点上灯观看时,他们两人的心不由得紧缩起来,这是一份从金坛情报站送来的情报,十万火急,日军在金坛、薛埠增兵,进攻时间不明。

罗忠毅与廖海涛看着情报,马上作出决定,旅部及所属部队即刻就地转移。

旅部的工作人员大部分到戴巷来观看演出,四十八团一部在黄金山整训,四十八团另一部在塘马一带整训,还有相当一部分的医务人员、伤兵、地方机关的领导分布在塘马一带,转移不是个小事。

罗忠毅与廖海涛分析,敌在金坛、薛兵增兵,目标向南,这是肯定的,但军事运动针对谁,难以断定。为防万一,部队应迅速转移,目标溧水的白马桥。

廖海涛迅速返回塘马,率四十八团一部及被服厂的人员、医务人员穿越拖板桥、姜下店到达白马桥,伤员就地安置。罗忠毅带四十八团一部、旅部特务连及旅部机关人员,从戴巷、小涧西出发,穿上庄、陶庄一线至白马桥。

罗忠毅与张连升带着特务连下了戴巷，穿过小涧西，翻过巷上，来到大家庄，一路上道路高高低低，坎坷不平，许多新入伍的战士及服务团的战士有些不适应，加之时间已晚，都有些疲惫。

　　过了陆笪后，罗忠毅双眼注视前方，不敢有丝毫的放松。

　　黑暗，黎明前的黑暗，转瞬间，远山近村的轮廓愈来愈分明了，传令兵也传来了马上可以休息的命令，一个熟悉的地名从传令员的口中传递而出："白马桥到了。"

　　罗忠毅走上一个土丘向西北遥望，神色依然是那样冷峻，脸上却笼罩上了一层淡淡的疑虑之色。

　　一路平安，罗忠毅悬着的心终于放了下来，旅部、苏皖区党委机关人员全部转移至溧水，但侦察员回来报告，11 月 7 号晚上，敌人并没出动。

　　罗忠毅紧缩眉毛："再去侦察，搞清敌人的动向。"

　　罗忠毅转过身，面对着充满困惑的廖海涛："老廖，敌人没有出动，是不是我们情报失灵，我们情报站的工作人员会不会有问题？"

　　"一般不会，不过，我们再去查一查。敌人没有出动，是因为他们根本不想出动，虚张声势地迷惑我们，还是因为他们知道了我们转移的消息，没有出动，如果是后者，情况就麻烦了。"廖海涛忧心忡忡。

"是呀，十八旅渡江北上，十六旅孤悬江南，形势险恶呀，二支队时，我们的部门还比较齐全，成立六师后，我们有许多干部去了十六旅，像彭冲、谢镇军等，所以我们有些部门干部紧缺，"罗忠毅猛抽了一口烟，"有些部门要抓紧建设起来，不管怎样要迅速派人查一下情况。至于我们自身，我们都是就地转移，按常理，敌人无法知晓，但战争的偶然性、复杂性都很大，我们不得不认真对待。"

两天后，侦察员回来，言明敌人确实在薛埠、金坛城集结人马，扬言要消灭苏南的新四军，但不知为何部队没有出击，两天后又分批返回据点，现在没有任何动静。

调查人员也回来了，金坛情报站没有问题。

在溧水待了两天，罗忠毅与廖海涛决定旅部重新返回塘马，因为敌人无进攻苏南的迹象，若不及时返回，溧阳北部地区有可能被顽固派不费一枪一弹占领，溧阳北部绝不能丢失。另外，四十八团不必回黄金山整训，应放在塘马西面整训，有敌情可随时转移或随时战斗。

一波未平，一波又起。张鏖转移白马桥又返回塘马后，揭发了罗福佑谎报军情的事实，罗、廖极为震惊。

罗忠毅、廖海涛对罗福佑的错误，进行了严肃的批评，旅部、团部召开会议对其进行了多次面对面的批评教育与帮助，本着治病救人的原则，考虑到罗福佑在苏区三年的游击战争及抗战时期对党作出了一定的贡献，他们向军部作了汇报，准备送他到抗大学习，让他思想上有个提高，以后更好地为党工作，准备过几天通知罗福佑本人。罗福佑在塘马遭受批评，起初颇有抵触情绪，后来态度明显好转，能够认识错误，旅部允许他与罗小妹相聚，作个准备。不料两人突然北逃，且带了大量的钱款，天亮时到了方山，路遇匪徒，发生枪战，受伤被俘，匪徒慑于新四军的威力，送到了茅山保卫司令部，樊玉琳即命战士押回十六旅旅部，24日晚，两人血淋淋地被押到塘马村刘家祠堂。

罗、廖召集旅部各科领导，反复商议，向师部、军部请示，免去王胜旅参谋长一职，请调张开荆来十六旅接替参谋长一职。关于如何处置罗福佑，望军部、师部做出决定。

一天后，军部来电同意免去王胜参谋长一职，由张开荆接替，在适当的时候调王胜到军部学习，并来电调胡品三、张麾到师部报到，对罗福佑处置一事，由军部听取汇报后再作决定。

血战塘马

(1941)

→ 迟来的情报

苏皖区地方武装财经会议开了两天，还没开完，27 日下午来了一份情报。

情报是从金坛交通站转来的，交通员急速把情报交给罗、廖首长。

情报很简单："日军在金坛城增兵，又闻薛埠日军也在增兵，并扬言南下，目标不明，望首长注意敌之动向。"罗、廖看着这张小纸条，双眉紧皱，沉思起来。

罗、廖二人径直来到村东司令部，两人细细分析起来。

罗忠毅说："廖司令，又来了一份情报，来得真不是时候，我们的会议还没完，四十八团整训还在进行……你看这情报和上两次来的情报差不多，日寇到底要干什么？我们的部署肯定要调整，日寇不会给我们时间与空间的……"

廖海涛神色冷峻，虎眉紧锁，点了点头："对，战场上情况瞬息万变，我们不能指望塘马一直处在平静之中，日寇是不会让我们安静地搞部队建设的，我们转移两次，敌人都没来，而这份情报又来得太迟，也不详细，而且是从一般的交通站转来。我们既要认真对待，不能掉以轻心，但也要仔细分析，切莫再上敌人的当。"

"我看先派人去瓦屋山、天王寺、薛埠一带去侦察一下，这样会更有针对性。"

"好！"

"我们的参谋人太少，张开荆又迟迟不来。"罗忠毅叹了一口气，然后叫警卫员，通知参谋张业迅速赶到司令部。

张业来到后，罗、廖二人把情报交给张业，然后命张业派人迅速侦察敌情，把侦察到的情况迅速传回旅部。

"是！"张业转身而出，一会儿带来两位侦察员小林、小孙。罗、廖把情报的内容简单复述了一番，然后指明敌情不明，速去侦察，侦察事关重要，切不可马虎。不管情况如何，要迅速返回旅部汇报情况。

小林、小孙双脚并立，齐声回答："请首长放心，我们坚决完成任务。"罗、廖二人点了点头，小林、小孙两人匆匆起身，从村北穿过倪家、蚂蚁墩，向瓦屋山、大山口方向进发。

罗忠毅焦急地等待着侦察员的消息，可迟迟不见侦察员回来，他发布了命令，命令四十八团各部队、旅部特务连、教导大队、四十六团九连以及四十七团二营两个连都要保持高度警惕，密切注视新的战斗动向。

天完全黑了，时近7点半，还不见侦察员回来，罗忠毅和廖海涛在村东司令部焦急地等待着消息。

晚8点许，小林、小孙回来了。

小林、小孙忙向罗、廖行了军礼，他们脸上的汗水还未擦净，身上的衣服还是湿漉漉的。

"罗司令、廖司令，我们把情况汇报一下，我们离开塘马后，去了大山口，找到了交通员老王。老王并不知情，忙领着我们向天王寺那边侦察。一路上我们没有发现异常情况，在天王寺附近，向当地群众打听，据可靠的群众反映，敌在天王寺大量增兵，并配有坦克和大量的大炮以及马骑。我们想进去看看，但敌人戒备森严，加之天快黑了，怕来不及回来汇报，只得返回到大山口，我们在横山岗情报站那边又得到情报，薛埠敌军大量集结，还来了不少骑兵……"

"你们打听消息的那些群众可靠吗?"廖海涛迫不及待地问道。

"可靠，绝对可靠，是一些基干群众，我们沿途打听了许多人，反映的情况完全一致。这绝对不会有问题，薛埠消息也是情报站同志提供的，绝对可靠。"小林、小孙严肃认真地说道。

"好吧。"廖海涛长长地吁了一口气。

"好，辛苦你们了，你们下去休息吧! 换换衣服，快去吃饭。"

罗忠毅挥了挥手。

"没什么，我们返回迟了，让首长牵挂。"小林、小孙站着行了军礼，然后在警卫员的陪同下，走出了司令部。

罗忠毅说："廖司令，我们俩好好研究一下，然后赶快开一个会，讨论一下如何应对敌情。"

"对，事不宜迟，应马上召开一个军事会议。"廖海涛点了点头。

罗、廖急命警卫员召集参谋部工作人员到村东司令部开会，罗忠毅还特意关照警卫员把已免职的原十六旅参谋长、现任四十八团团长王胜叫上一道参加旅部的军事会议。

二十分钟后，与会人员到齐了，他们集中在村东刘赦大家二进房屋的一楼。为了开好会，警卫员特意从大祠堂战地服务团处要来一张汽油灯。那汽油灯挂在空中，嗞嗞作响，光线又白又亮，把整个大厅照得如同白昼。

罗忠毅、廖海涛、王直、王胜、游玉山、张业、王桂馥，还有几个参谋及其他的几个科长，共十五人聚集一起商讨起敌情来。

由于种种复杂的原因，罗、廖决定暂不转移。

罗忠毅的声音十分沉重，他又转向廖海涛："廖司令，我们先传达命令，要旅部特务连、四十八团、四十七团二营、四十六团九连做好战斗准备，夜间增派复哨、班哨、游动哨，明天提早吃饭。"

"好。"廖海涛点了点头。

布置完毕，罗忠毅又发布命令："机要科，迅速发电，请示师部，对上述部署有无异议？急电四十六团，命钟国楚、黄玉庭加强准备，防止可能发生的进攻。"

"是！"

与会人员离开了，只剩下罗忠毅与廖海涛二人。屋内的热气升腾着，一下子出奇地安静起来，只听见汽油灯还在发出嗞嗞的声响。

→ 重托

罗忠毅由于日夜操劳，受了风寒，嗓子痛得异常难忍。他推开东面的窗户，一阵白烟一般的浓雾迎面扑来，窗外的世界是白茫茫的一片，什么也看不分明，经常可以凭窗眺望的观阳村、虚竹观里、弯底下、洋龙坝，全都消失了，就连近前的荷花塘、小圩塘也已杳无踪影。

"雾，大雾！"罗忠毅吃了一惊，因为这是浓雾第一次降临塘马，在昨天的军事部署中自己只考虑到雨，却偏偏漏算了这个雾。

"老廖呀，你起来了，怎么样？外面情况怎么样？"罗忠毅看到匆匆赶来的廖海涛急促地问道。

"村边的哨查过了，没问题，我担心这浓

雾会遮蔽视线,易于敌人隐蔽偷袭,急命通讯班班长进来向你汇报,通知各连部要保持高度警惕,务必小心敌人前来偷袭。"

"老廖呀,这雾可不是好兆头,在龙岩大罗坪时,我们就被国民党偷袭过一次,敌人到了眼皮底下了,我们都不知道,亏得有一个叫罗真荣的同志来送信才使我们安全脱险。"

"我也担心,这时候要打起仗来就不好办了。"

"我们迅速通知塘马村上的指战员早早起床,吃好早饭,防止敌人进攻。"罗忠毅紧锁眉毛,"这样的雾,能见度如此之低,恐怕他们也难以进攻国民党了,如果那样,他们随时会向我们进攻。"

他马上吩咐警卫传令地方各机关工作人员、在塘马的战士干部迅速起床,提前开饭,作好战斗准备。

吩咐完毕,他们两人匆匆向村西祠堂走去,此时天光渐渐变亮,浓雾也不似先前那样浓厚了,大祠堂的轮廓隐约可见,祠堂西侧刘秀金家门前的那棵大榉树巨大的树冠也渐渐地分明了。

罗忠毅一看表,时针已指向5点半了。

浓雾下,他们两人又迅速地交换着意见,罗忠毅明白,廖海涛的担忧和自己一样,只不过他的遭遇和自己不一样,他和战友们几次遭敌人偷袭,而自己几次率红军偷袭白军。突然西北方向响起枪声,罗忠毅、廖海涛直扑沟沿坟高地,罗忠毅脱下军大衣,放到坟包上,马上拿起望远镜站在板茅边朝邵笪方向看去。廖海涛则站在一大坟的坟头上也拿着望远镜观看着,两人不时地扭着头说着话。

有着丰富战斗经验的罗忠毅，马上判断出那儿的战斗十分激烈，这样密集的枪声，交战的一方不会少于二百人。

罗忠毅判断敌人从西北、东北二路攻来，而且势头还不小。

罗忠毅说："东面是长荡湖，南面是国民党防区，廖司令，我们马上回祠堂，一方面要通讯员传令参战各部队严守阵地，决不能后退，急命四十七团二营刘禄保领兵收缩到塘马，四十六团九连顶住西南方向，另外，派人迅速带领机关人员向东转移至芦苇荡，在圩区待命，命令地方工作人员组织群众向南突围，南面是国民党，他们不可能向百姓开枪。"敌人果然来偷袭了，而且趁着大雾，如此快，如此凶猛，后果难料。罗忠毅利用过大雾实施过偷袭战，这种战术对方是很难防范的，现在只有赶快转移，先前设想的几种战略、战术部署因为意外的原因已没有实施的可能了。

"只有东移了。"廖海涛的声音淹没在密集的枪声中，"罗司令，敌人果真来了，而且利用了大雾。如果用骑兵突袭，后果就十分可怕了……"廖海涛还没说完，罗忠毅只觉得半空中有怪物呼啸而过，怪物飞动时摩擦空气的声音，十分尖利，还未及反应过来，只见火光一闪，轰响声在东面不远处的西秧田中响起，随之而来是遮天盖地的泥土和滚滚的浓烟，浓烟遮蔽了村西竹林，稻秆和泥土屑儿如雨水般飘落而下。

"山炮，远距离的。"罗忠毅皱着眉，看来敌人是下了血本要打这一仗了。

罗忠毅暗思道：得迅速作出战斗部署，首先，得赶快脱离险境，不再寻求任何意义上的作战业绩，这样的局面是难以消灭敌人的，现在只能保存自己。保存自己，当然是转移了，这是不容置疑的，但这个转移需要有部队掩护，显然部署要化作两部分，一部分转移，一部分掩护，就目前的态势，无论是转移还是留下战斗，都必须需要强有力的领导人亲自坐镇指挥，而不是通常意义下的小股部队留下、让干部群众先行转移的那种情形了，而且今天留下阻击的危险远非新四军通常对日作战的那种情形了。

罗、廖二人走到村西刘秀金家那棵大榉树下。

罗忠毅说："廖司令，今天我们要打一场阻击战了，党政机关工作人员转移非同小可呀！我看你带队先走，这儿有我留下。"罗忠毅往身上披着大衣，还没有纽上纽扣，刚才他把大衣摊放在坟包上，坟包上茅草的水珠早把黄呢风衣弄湿了，黄一块，黑一块。他一边拿着枪，一边抚摸了一下挂在脖子上的望远镜。

廖海涛的心猛地跳了一下，刚才只想到布置任务，应付敌人，谁带队转移，自己一时还没想到，现在要自己带队转移，让罗司令留下阻敌，这怎么行呀！要留也不应留罗司令，要留也得留自己或者是四十八团的领导。

廖海涛想，从今天的情形看，留下阻敌远不是昔日的那样简单，在闽南有地形作依托，敌人再多，阻敌并不可怕，在苏南新四军难以遇到如此多的敌人，阻敌也不是万难之事，可今天，敌人三面围攻了，而且落在西秧田的炮弹明显是敌人用山炮打来的，联系昨天的情报，敌人有坦克、大炮，有马骑，这样的阻击意味着什么？我们共产党的军官就是和世界上其他的军官不一样，不，我不能走。

"罗司令呀，我怎么能走，你不仅是十六旅的领导，也是六师的领导呀，这儿有我留下吧，你率机关人员先走。"廖海涛言辞恳切，语调低沉地说。

"老廖呀！还是你先走吧！看来敌情超出了我们的预料，这儿的情况难以确定，党政军机关工作人员要紧，他们是抗日的宝贵财富，绝对不能陷入包围中。阻敌非常重要，我不留下谁留下呢？"罗忠毅眼圈也红了。

"不行呀，罗司令，你想想，战场的面如此之宽，我们兵力有限，四十六团九连、四十七团一营难以保证到位，溧阳抗日民主警卫连远在张村，而且战斗力较弱，茅山保安司令部的一个连还没接受过正规训练，唉，我们的参谋长迟迟没有到位，我看这样吧：我先留下，先让其他同志带一程，阻敌第一，若阻敌不成，那转移也不晚呀！看来党政机关能否突围出去，意味着这场突围恶战的成功或失败。然而日军是从东北、西北、西面三个方向合击塘马，党政机关只有向东转移了，如果驻塘马的党政军机关人员全军覆没，这就意味着新四军第一个抗日根据地将要丢失，意味着华中抗日根据地将被割裂，整个华中抗战将处于极为被动之中。无论如何不允许出现这种局面，党政机关现在向东转移是重中之重，他们能突出重围，必须坚持到天黑，夜暗是他们突围的先决条件。然而要做到这一点的前提，是驻塘马的战士必须阻击牵制住敌人，这是坚持到天黑的唯一希望。这样的重任非一般人能担当的，我作为政委，应该首先留下。"

此时枪声大作，有几颗子弹落到大榉树上，密集的树冠中的麻雀受惊后扑扑飞起，又一颗炮弹落在西沟塘中，水柱冲天而起，水花飞溅。

时间不允许再争执了，罗忠毅只好点头，让一个人先带一下。谁来担任先行的转移负责人？罗忠毅首先想到王直。

王直虽然年轻，但他是资历颇深的红军战士，也是罗忠毅的老战友，在岩宁连根据地，罗忠毅率明光独立营和红九团会合时，他们就相识了，他的卓越的政治组织宣传才能，在闽西三年游击战争中已充分地显示出来，他历任红军宣传员、秘书、交通总站站长、分队长、连指导员、组织干事、总支部书记、红四支队政治处主任。在新四军抗战中，更体现了他大胆独到的政治艺术，他担任新四军二支队宣传队长，第四团组织股长，第三团、第四团政治处主任，六师政治部组织科科长。在赤山之战、西施塘战斗中都有效带领机关安全转移。他临危不惧，镇定自若，指挥有方，现在由他带领机关前行转移，非常合适。

在大祠堂门口，许多机关干部涌来了，罗忠毅

▽ 罗忠毅、廖海涛与机关人员分手的小桥遗址

扫视着众干部，最后眼光落在了王直脸上，他的眼睛亮了起来，转过身朝廖海涛说道："那么让王直同志带领众人先行转移，行不行？"

"好！"廖海涛完全赞同。

罗忠毅宣布了由王直率队先行转移的命令，罗忠毅反复向王直说明，要克服一切困难，把部队带到安全地带。除了机关人员的生命外，罗忠毅还关照有两样东西不能丢，一是钞票，二是电台。尤其是钞票，这是十六旅的命根子，军费太紧张了，为了部队的财政收入，许多同志都献出了生命，这是绝对不能丢的。

罗忠毅的话语迫切沉重而又充满了信任。

王直点着头。看到他坚强自信的目光，罗忠毅露出了欣慰的笑容。

廖海涛来到王直面前，紧紧地握住了他的手："这一千多号人是抗日的宝贵财富，你无论如何也要把他们带到长荡湖边，原地坚持，天黑就是胜利！"

王直胸脯一挺，眼中露出坚定而自信的目光："请首长放心，我一定完成任务！"

廖海涛紧紧握住他的双手不愿松开，自新二支队建立后，廖海涛与他朝夕相处，情同手足，廖海涛认为王直坚定的革命意志，出色的政治组织才能是二支队、十六旅的表率……

"廖司令，你们也要快一点转移呀！"王直的话语格外深切。

廖海涛点了点头："你先走，我马上会赶来的。"

枪声大作，而且越来越密。

随即罗忠毅发出命令，由王直先率领党政军机关人员向东突围，至西阳集中，命作战参谋游玉山速去通知四十七团二营率部向塘马靠拢，命四十八团四连、五连、六连坚守阵地阻击敌人，延缓敌人的进攻。命四十六团九连阻击由竹簀方向向南迁回的敌人，命陶阜旬率领后周区干部和塘马村民兵骨干指引百姓向南突围。

命令完毕，众人纷纷散去，迅速向东撤退。

→ 争相阻击

党政机关人员一过桥，罗、廖二人又回到刘家祠堂前。

廖海涛与罗忠毅爬到祠堂的围墙顶上向四周观看，发现敌人的第二波攻击又开始了。密集的机枪声落入耳中，猛烈的炮声在原野上震荡，他俩很清楚，双方交战的武器差异实在太大，在低矮丘陵以及平原地带，这种武器上的差异，会导致什么样的战斗结果是不言而喻的。

罗忠毅开口了："老廖，我们不能这样守了，阵地是守不住的，一方面这样很容易被敌人分割包围，另一方面敌人打开缺口后，可能留下一部分人牵制，其余的部队直接突入中心地带，我们应该把队伍集中一起，拖住敌人。"

他们跳下围墙墙顶后，又走出祠堂，在祠

堂南面的空坪上向南瞭望。

"游玉山怎么还不回来？四十七团二营怎么一点儿消息也没有？刚才从望远镜里我已看到敌人从大家庄、下庄、渔家边方向出现了，现在只能让教导大队上去顶一顶……"廖海涛还没说完，只听罗忠毅惊叫一声："不好，老廖，你看，西南方向已发现零星的敌骑，看来六连方向已出现缺口，怪不得四十六团九连一点儿消息也没有，应该作出调整了，敌人的态势是想从后周迂回包抄，从南面切断我们的退路。"

廖海涛拿起望远镜往王家、龙梢头方向看，发现敌人的骑兵在硝烟中狂奔着，虽然不多，但从态势看，他们已突破了西南的防线："特务连那儿已经很吃紧，炮火如此猛，是坚持不了多久的，我们赶快收缩兵力，否则后果不堪设想。"

罗忠毅急急地下了命令，命令四十八团二营全部撤回到拖板桥以东，向塘马靠拢，命黄兰弟、廖垫金、张连升以及旅部军事工作人员迅速在祠堂前集中，布置新的作战任务。

通讯兵分赴西北、东北阵地，廖海涛与罗忠毅紧急商讨着，现在形势非常危险，必须收缩兵力拖住敌人，然后部队再伺机突围。

罗忠毅很清楚，现在连保存自己都很困难了，没料到由于意外的原因，敌人来得出奇地快，出奇地猛，瞬间已到了眼皮底下。另外，北面的防线不知何故已形同虚设，西南的防线也已洞开，这是任何人都无法料及的，谈什么遭遇战、阵地战、奇袭战，现在是地道的阻击战，是极其艰难的被动的阻击战了。

罗忠毅说："廖司令，东面机关人员估计还没走多远，我们必须抽出一部分兵力跟上去，目的是保护他们，东北的特务连可由一个排留下继续阻击，二排应移到后周桥方向，三排放置在王家庄正北，四、五、六连、团部特务连收缩到王家庄阻敌。"

"好，王直率领机关人员向东转移时没有部队作后卫掩护，这太危险，敌人被我们拖住了，也难保没有小股部队尾随他们，对，我看就这样决定。"

黄兰弟、廖堃金、张连升来了，带来的消息都很好，但罗忠毅没有表现出应有的兴奋，明摆着敌我力量不对等，相差悬殊，开始的遭遇战算不了什么，也许敌人对我兵力配置没有判明，接触一阶段后，他们会作出战术调整，会用更猛的火力，采用波浪式的进攻，西南、正北方向出现敌人是最明显的佐证。

罗忠毅让廖海涛布置战斗部署，廖海涛还没讲上几句，一颗炮弹飞来了。

有几个有经验的老兵，早已卧下，没经验的几个新兵被气浪掀翻，罗忠毅岿然不动，但震耳的响声使罗忠毅的耳鼓隐隐作痛，嗡嗡作响，半天听不清外面的声音。地图被灰尘覆盖，廖海涛用手拭抹着，几只被炸死的麻雀的头，飞落到罗忠毅的脚下。

警卫员和战士们叫罗忠毅们赶快移往东山墙边，那儿西面的炮根本打不到，罗忠毅点了点头，看着被炸弹炸成的深坑，罗忠毅知道那是敌人的山炮所发，这样的炮能打十五六公里，从落弹的点和炮弹破空而来的轨迹判断，此炮是架在高处打来的，十有八九是从瓦屋山山顶打来的，那上面有鬼子的炮楼，平时望远镜也能看到，看来敌人把远程的山炮架到瓦屋山上了。

廖海涛部署完毕，大家都看着罗忠毅，罗忠毅的嗓子有些哑，但仍是那样的洪亮。

罗忠毅看到在硝烟中的那一张张脸，廖海涛虎眉双竖，黄兰弟神色镇定，廖垫金目光炯炯，张连升满脸杀气，王胜神色凝重，张业双颊黑漆。

"同志们，现在的形势很危险，刚才廖司令已作了部署，就是一点，收缩兵力，绝地阻击，拖住敌人，绝不能突围！"罗忠毅话音一落，众人皆抬头挺胸，眼光明亮，一副视死如归的神态。

罗忠毅心头一热，这些可爱的部下都是热血战士、铁血斗士。"记住，告诉战士们，拖住敌人，就是胜利，然后伺机突围。"

"请首长放心，我们血战到底，决不后退。"众人握紧拳头，眼眶尽裂，声震于天。

"好，你们赶快行动，我在塘马村等你们。"罗忠毅挥了挥手，众人分头行动去了。

黄兰弟、张连升走后不久，忽然从正北方向出现了绿色信号弹，随即西北、东北枪声大作，紧接着是炮声隆隆。

罗忠毅又举起了望远镜，果然，敌人疯狂反扑了，四连的阵地上已出现日军的太阳旗，东北方向，枪声密集，不见敌军，估计还在特务连手中，但随之而来的炮火完全淹没了阵地，这样的地点恐怕守不住多久了，正北刘一鸿教导大队已经后撤了。

此时必须等待部队的到来，旅直机关和教导大队最后一批人必须转移，由廖堃金断后，还需一位领导统管，阻击随时尾随机关人员的敌人。

罗忠毅第二次建议廖海涛快走，但廖海涛怎么也不肯走，却言之凿凿，他的话的确有道理，敌人已从三个方向涌来，随时会淹没塘马，仅剩罗忠毅和两个参谋很难协调部队。

苏南的重任压在了罗忠毅和廖海涛身上。"不能都留下，冒着生命危险呀……"罗忠毅想着，急得直跺脚。

王胜请战了，他要留下，态度十分坚决。

罗忠毅摆了摆头，一方面他还是希望由廖海涛率队断后，另一方面，罗忠毅认为如果他与廖海涛一道转移，王胜是没法应付这样的危险局面，即使自己留下，如此复杂局面也难以预料。再者王胜对苏西锡南斗争信心不足，军部已调他去苏北学习，多少对他的情绪有影响。这样的重担实在不能压在他肩上，万一阻击部队出了问题，那么在塘马、后周、别桥这样的狭小的空间，转移出去的人也不可能安全转移到圩区……想想看，王直他们现在离开塘马能有多远呢？王胜还想坚持，罗忠毅只好下命令了，王胜只好又退了回去。

罗忠毅已做好了最坏的打算，随时为抗战洒下最后一滴血，他还是劝廖海涛突围，但廖海涛和罗忠毅的心理一样，况且他反复提出罗忠毅是六师的领导人，要罗忠毅先行转移，否则无法向六师、无法向苏南百姓交代，而且这儿确实需要他。

罗忠毅完全明白廖海涛的心思，在如此险情下，个人的生命已不再重要，留下阻敌，如果换来机关人员的安全转移，即使献出生命，还有什么比这更光荣更有价值呢？一切应以苏南的抗日大局为重。

罗忠毅被廖海涛的挚情深深感染，他半晌不语。廖海涛怕罗忠毅再坚持，便提出自己先留在塘马，视情况再转移不迟。

"好吧，廖司令呀，你待一阵子也可以，万一情况危险，你一定要先行转移。"罗忠毅把话说得缓和了些，且留有余地。

"好。"廖海涛点了点头，他是一位出色的政治工作者，他终于说服了罗忠毅，他可以暂时留在了塘马。

罗忠毅又朝廖堃金说道："廖堃金，二营战士一到，你赶快断后掩护。"

"是！"廖堃金行了一个军礼。

罗忠毅、廖海涛继续在原地等待，等待部队的到来。

罗忠毅、廖海涛目送着远去的最后一批旅部机关人员时，敌人的枪声如汹涌波涛从四面涌向塘马，大地微微颤抖，空气急速地旋转起来，并散发着浓烈的火药味，天空中硝烟弥漫着。

现在的任务是率领部队，拖住敌人，掩护党政军机关人员转移。罗、廖二人对塘马一带的地形了然于心，塘马村是守不住了，村子小，周围的高地已被日军占领，现在只有撤离。塘马的南面全是平坦的原野，无险可守，唯塘马河蜿蜒曲折，北水南流，以此为依托可以拒击西犯之敌；河的东面不远处有新店村，村南一片竹林，也可作为依托；离塘马村东南三华里，有一高地为王家庄，四周是坟地桑树，也可利用；其西面二里许有一小桥架于塘马河上，为后周木桥，守住此桥，敌人就很难进入王家庄。

罗忠毅很清楚，这样的地形和闽西的地形无法相比，处于绝对劣势的十六旅利用这样的地形是不可能阻止敌人进攻的步伐，但死死守住此地，便可延缓敌人进攻的步伐，为机关人员的转移赢得时间，能达到此目的也就够了。至于部队下一步怎么办，只能伺机而动，但主要突破方向定在东南，那边还是一个缺口，那儿驻扎着国民党军队，这个缺口敌人难以堵上，如果从这个缺口冲出去，国民党军队如果拦截，就坚决消灭他。

张连升、裴继明满脸血污地来了，黄兰弟来了，四连、五连、六连的连干部除陈浩外都来了，战士们也逐一来到塘马村东边下木桥边的谷场上。

"同志们！"罗忠毅握紧了拳头，"我们的任务就是吸引敌人，拖住敌人，多拖一分钟，多守一分钟，机关人员就多一份安全。"他扫掠着眼前的战士们，或昂首挺胸，或怒眼圆睁，或凝重不语。"考验我们的时候到了，拿出勇气，给我狠狠地打。"廖海涛上前一步，"同志们,我们新四军是钢铁打造出来的,"他双眼圆睁,炯炯之光放射而出,肩头被树枝划破的布片在秋风中瑟瑟抖动着,"为了民族,为了死难的同胞,为了苏南百姓,血战的时候到了。"他扯高嗓子,高喊着"血战到底,决不后退"。

"血战到底,决不后退!"战士们举着枪,呐喊着,高亢的声音在塘马的上空飞扬着。

罗忠毅朝观阳方向望了望,只见那边的枪声渐渐稀落,他的脸上掠过一丝痛苦之色,他长长地叹了一口气,然后转过身对廖海涛说:"廖司令,你带特务连二排和四连、五连防守新店、塘马一线,我带特务连三排、黄兰弟带二营六连和团部特务队防守塘马河一线,如果不利,则退守王家庄,伺机从东南突出。"

"好!"廖海涛向罗忠毅行了一个军礼,"罗司令,千万小心。"

罗忠毅抿紧嘴唇,点了点头:"那边的任务不轻,你也要小心。"

说毕,紧紧地握住了廖海涛的手。

枪声四作,容不得再说什么,廖海涛向陈必利交代几句后便手一挥:"特务连二排、四连跟我走。"

张连升带着二排战士,雷来速、许家信带着

四连战士一齐向新店村村北奔去。

罗忠毅用眼扫视了一下塘马河，他用又干又涩的嗓子作出部署："特务连三排、四十八团六连随我和黄营长坚守后周桥。"

黄兰弟、裘继明与战士齐声回答"是！"

罗忠毅又命通信兵传令团部特务队詹厚安、张光辉，六连赵匡山、顾肇基率部后撤至后周桥一道坚守后周桥。

"出发！"罗忠毅手一挥，黄兰弟、裘继明和特务连三排战士一齐奔向后周桥。在起步的一刹那，他回过头来朝塘马村望了望，几颗泪珠滚落而下。

→ **血战王家庄**

★★★★★

（33岁）

罗忠毅发布命令后，和廖海涛握手告别，罗忠毅的手紧紧地和他握在一起。烟幕笼罩着天宇，时隐时现的槐树、榉树、糖莲树，灰白色的板茅，战士们坚毅的脸容，挺拔的身姿，满耳的枪炮声，涌动的风雷，微微颤动的大地，一切的一切，在罗忠毅与廖海涛双手相握的一刹那，凝固了，停格在瞬间的时空中。

罗忠毅和战士们一路小跑着，沿塘马河往南开拔，经棚上直插择储大塘，后周木桥是架在塘马河上的一座木桥，是后周街通往别桥的必经之桥，也是塘马河以东的百姓上后周街的必经之桥。河面宽阔，周围树木林立，是一块战略要地。六连战士从杨笪一线后撤后，与团部特务连一道在后周街一带阻击，由于兵力悬殊，他们最后要撤到后周桥战斗。

作为六师参谋长，十六旅旅长，从枪声响起之时，罗忠毅就抱定了决一死战的决心。

现在罗忠毅决定收缩兵力，北面主要是廖海涛率特务连二排和四连抗击，西面由五连陈必利依托塘马河阻击，罗忠毅自己亲率黄兰弟、裘继明会同赵匡山、詹厚安，率领特务连三排、四十八团六连、团部特务队坚守南面塘马河一线。

当罗忠毅到达后周桥时，六连战士和团部特务队陆续撤到塘马河西岸，敌人的枪炮声正随之而来。

罗忠毅命裘继明率特务连三排扼守东岸桥之北侧，六连一排扼守东岸桥之南侧，六连二、三排作预备队，团队特务队后撤至新店竹林南侧，策应北、西、西南三面作战部队，而罗忠毅带警卫班则返至王家庄西面五百多米处的新店小墩上南侧的一个干涸的池塘里，作为临时的指挥所。

罗忠毅之所以把团部特务队放在竹林南侧，缘由是团部特务队原为苏西蔡三乐的部队，是经过统一战线策反过来的部队，来到塘马后经连长詹厚安和指导员张光辉的治理，军政素质有了很大的提高，但由于整训时间太短，部队战士成分过于复杂，其战斗力还有一定问题，倘若把其放在后周桥一线最为严峻的战斗场地，后果难以预料，万一他们过于脆弱，会影响大局，影响士气。

罗忠毅用望远镜不时地观察着周围的形势，并不时作出指令，让罗忠毅感到遗憾的是，身边没有一个参谋，游玉山去四十七团二营驻地大家庄后至今没有回音，张业、王桂馥随王胜先行转移，现在身边除了警卫外，几乎没有任何可以商讨的人。

罗忠毅刚布置完毕，西北塘马村响起了密集的枪声，随即北面也响起了密集的枪炮声，罗忠毅通过望远镜紧盯观阳村南、新店村、朱家新坟山，视线还未移开，后周桥的枪炮声骤然响起，罗忠毅身子一抖，迅速转过身用望远镜向后周桥方向观察起来……

罗忠毅简易的旅部指挥所就设在小墩上至王家庄的一个干涸的池塘里，说是指挥所，没什么掩体，其实周边就是一片纷乱的茅草和高高的塘埂。

由于王家庄略高于周边的田野，地形呈梯状，上面植有大量的桑树，桑树地上长满了半人高的茅草，平时小孩、山羊进入此地，常常淹没于草丛中，风一吹才露出温顺的山羊的头和顽皮的小孩的脑袋。

桑树边的池塘本是蓄满清清的池水，夏日菱叶漂浮，菱角峥嵘，鱼儿唧唧，蜻蜓飞舞，柚树的倒影遮盖住了池塘的水面；秋日茭白叶子迎风摇摆，沙沙作响，肥大的鲢鱼不时跃出水面；初冬时，农夫要卖鱼，水车车干了水，池塘边杂乱交错的树根全都如章鱼的爪子一样显露出，黑漆漆如鹰爪一般，塘中的淤泥被挖走施入田中，经太阳一晒，风儿一吹，便成了一个深深的黑坑，成了顽童玩耍的场所，而今却成了硝烟战场上的十六旅指挥所。

　　后周桥的战火一燃，罗忠毅便不时地用望远镜观察着，根据战场的情况作出相应的判断分析。

　　现在形势已非常严峻，时近9时了，部队已作战好几个小时，这样的消耗战打下去是绝对不能让人接受的战斗举动，但除此没有别的办法。如果不掩护机关转移部队，可采取的战术就太多了，根本不可能停留在原地打消耗战，但部队一动，敌人随时都会发现东面的转移人员，那么后果是不堪设想的，所以只能在这儿拖住敌人。

　　现在一要拖住敌人，二是要随时从东南方向突围，那么就必须做到部队分隔不能太远，东南方向的缺口必须畅通，而东南方向的通道的畅通必须以守住后周桥为前提，如果后周桥失守，敌人会像潮水一样涌来，想撤也来不及撤，所以他一直站在塘边用望远镜注视着后周桥方向的战况。

日军发动了几次攻击，都被特务连和六连击退了，敌人不断发动一轮一轮的攻击，罗忠毅明白这是敌人采用的消耗战术，这样下去，即使人员没有伤亡，弹药也要被消耗光，部队也将失去战斗力，他即命通讯兵传令黄兰弟叫大家要节约子弹，又命团部特务队送一批弹药过去，六连二排、三排随时增援后周桥。

刚布置完毕，通讯兵跑来报告，五连在塘马下木桥、新店姜家棚、新店大庙抵敌不住，后撤到新店竹林大坟窠，五连战士除随陈浩东撤掩护机关二十人和后撤到大竹林的三十余人外，其余全部牺牲。

罗忠毅听到此言，非常难过，即刻双眼放射出愤怒的火焰，他急命詹厚安率团部特务队一排赶去增援，又命通讯兵速去杨家庄廖海涛处，命其收缩部队向王家村靠拢，估计机关到达长荡湖边后，赶快率队从东南方向突围而去。

通讯兵奔向杨家庄了，罗忠毅举起望远镜向后周桥方向观察，看了一会儿后，他放下望远镜，双眉紧锁，陷入沉思，他感到有些不解，从形势上看，敌人在后周桥方向投入了最大的兵力，配置的步兵炮也最多，但从前两轮的攻击来看，他们似乎并没有用足火力，尤其是第二轮炮击既没有目标，也不密集，连王家庄这儿也落下了几颗炮弹，从敌人投入的兵力看，似乎也不多，每一次攻击约二百人，打一会儿换一批，一波接一波，但每一波的势头并不猛，

△ 王家庄战斗遗址

他们似乎并不急于攻下后周桥，如果他们投入足够的兵力，我们的预备队早就要顶上去了，这是为什么? 难道敌人有什么新的阴谋?

罗忠毅下意识朝身边看了看，除了警卫外，就是通讯兵，没有一个参谋，他不由自主地叹道:"老游呀老游，你们到那儿去了呢? "

罗忠毅先得到东南出现敌人的消息，他的血液似乎凝固了。

这就是难以想象的现实，本来日军在中国土地上屠杀百姓，攻击军队，全民族应同仇敌忾，新四军十六旅的正南便是没有日军的大好国土。

战斗打响后，机关人员只能往东撤，部队只能原地阻击，也许人们难以理解，为什么不一道往南撤，或者说机关往东撤，部队可往南撤? 无论从时间、空间上讲，往南撤，是最合理的选择。因为南面有国民党军队，也许若干世纪以后的人们要说，那正好，既然有中国人自己的军队，不是可以伸出援助之手进行阻击，或者说至少新四军可以往南移动，转移到安全地带，那是很简单的事，应大开方便之门。总不至于见死不救，甚至让出防区让日本人借机包围新四军。

"这就是现实，"罗忠毅苦笑了一下，对于国民党卑劣行径，罗忠毅不难理解，否则就不会有皖南事变和黄金山之战了，但兄弟相争，也不至于献媚外敌，现在国民党竟然不顾民族大义，故意让出防区让日本人围攻新四军，这实在是出人意料。

怎么办，部队最后一条通路被堵死，眼看着手下的数百名将士在敌人的屠刀下⋯⋯

想到此，罗忠毅的心发出一阵阵的绞痛。

罗忠毅咬着牙，急命通讯员请廖海涛前来商议。

廖海涛终于又见到了罗忠毅，塘马村头一别，三个多小时过去了，罗忠毅的脸被烟熏得黑黑的，脸膛黑得几乎发亮，当然廖海涛也一样，这是炮火连天的战场。

"廖司令，快来，有新情况。"罗忠毅嗓子沙哑，但神色依然是那样沉着，从容不迫，他向来是处惊不乱，在闽西作战时，敌人追赶他只有二三十米远，他都敢回身开枪阻击。

"东南方向出现了日军，我们将四面受敌。"罗忠毅的语调十分沉重，"驻扎在绸缪一线的国民党肯定让出防区了。"

"可耻的国民党军！"廖海涛用手猛烈地拍打着被炮火烧焦

还冒着白烟的柚树，想想在高庄战斗中，如果不是我新四军背后一击，你六十三师很有可能全军覆没，我们在战后还归还了你们许多枪支弹药。"卑鄙无耻！"廖海涛大声地叫喊着。

"现在的问题是，部队如果突围，只能选择正东方向，这将和转移的机关人员同一个方向，那敌人必将尾随攻击，那无疑是引虎入室，驱虎赶羊，绝不可行，即使东南方向敞开，现在撤离还为时尚早，我估计王直他们至多到达西阳，另外，敌人已有一部向别桥方向挺进，随时可能北上和机关人员遭遇……唉……形势严峻呀！"罗忠毅的语调更为沉重了。

"还有一部已向别桥挺进？"廖海涛的心咯噔一下，眼前冒出一幅可怕的画面：敌军在河汊密布的田野上，举刀乱砍，举枪猛扫，机关人员纷纷倒地，鲜血迸射……

"我作这样的安排：抽调团部特务队，先行从东面突围，四、五、六三个连政治干部随之突围，余下的战士死守王家庄，死死拖住敌人。"罗忠毅说完，朝廖海涛看了看，征询着廖海涛的意见。

罗忠毅的用心廖海涛知道，部队不能突围，只能撤去一小部人员去挡住尾随的敌军，至于撤出政治干部，明显是为了保存抗日的宝贵力量呀！

战场突然处在一种死一般的寂静中。

王家庄将成死地，在此继续战斗，无疑都将壮烈殉国，如果全部从东面缺口突围，不但难以全部脱身，而且会殃及脱离险境不久的机关人员，后果更为惨烈，所以撤走一小部分人员，并让这小部分人去阻击尾随之敌，是可行的。团部特务队战斗力弱，由他们阻击尾随之敌，也是恰当的。廖海涛点点头："我同意！"

罗忠毅转过身来，"得赶快行动，撤退的负责人是你老廖……"

罗忠毅希望廖海涛率领机关人员撤离塘马，因为苏南的抗日斗争太需要像廖海涛这样智勇双全的领导，如果两人都置于绝地，这对苏南今后的抗日斗争极为不利。

廖海涛上前一步，语调平缓而又沉重："罗司令呀，你我相识相知，不是一天两天了，军队离得开你吗？"

罗忠毅眼圈红了，嘶哑的嗓子发出了沉痛的音调："老廖呀，苏南的军政大局同样离不开你呀！"

"是呀，只要机关人员能完全脱险，抗日的宝贵火种能保全，那一切算不了什么，天知地知，你知我知，我们给后人留下的教训会有人总结吸收……我看你赶快率队东出茅棚，穿越诸社……这里交给我吧！"

"不，"罗忠毅斩钉截铁地说，"我誓与这儿的战士共存亡。老廖呀，你理论素养高，好好给我们总结总结吧！"罗忠毅的眼神如此坚定，口气如此坚决是前所未有的，他脸上的神情、眼中放射出的光芒，他的坚定有力的声音都表明了他决一死战的决心，任何劝告都改变不了他的决定。

如果说先前留下还不至于完全处于死地，那么现在留下，生还的可能几乎就不存在了。可他如此坚定，把死亡留给自己，廖海涛也绝对不可能再走了。

詹厚安、张光辉、许家信、顾肇基来了，四十多个战士也来了，……他们在等待着他们的命令。

廖海涛发话了，他用尽了全力叫道："詹厚安。"

"有！"詹厚安应声而出。

"你全权负责连队的指挥，带部迅速东出，阻击沿途之敌，保证机关人员的安全，到长荡湖边和机关人员会合。"

"是！"

"你们立即出发，不容有失！"廖海涛手一推，手掌沉沉地摊上詹厚安的胸口，詹厚安率队东突了。

离去的战士犹如乘上一叶小舟，驶离硝烟弥漫的大海，留下的战士则成了孤岛上的孤旅，伫立在这小小的方圆一二公里的大地上。

突然，东南方向的上空发出一阵尖啸声，三颗绿色信号弹燃起。

罗忠毅猛一回头，见廖海涛还在原地未走，大惊失色:"老廖,你怎么还不走?"他朝东南的上空看了看,跺着脚。

廖海涛平静地看着罗忠毅,上前挽住了他的胳膊:"罗司令呀,恶战开始了,咱们兄弟就是死也要死在一块儿!我俩一起在,就一定能拖住敌人,机关人员就一定能转移出去,即使我们都牺牲了,也无碍苏南抗日的大局呀,死也值得呀!"

罗忠毅见廖海涛说话如此坚决,半晌长长地叹了一口气,想说可再也没说出话来……

廖海涛沉重地看了一下表:"现在是9点半了,我看再坚持个把小时,机关人员该撤离到长荡湖边,到了那儿,就大为安全了,我们再坚持一小时,只要有可能,我们就往外冲!"

罗忠毅叹了一口气:"敌人新一轮攻势马上展开了,能坚持多少时间实在难说。"他拿起望远镜向四周看了看,"黄营长报告后周桥危险万分,那儿必须死守,否则敌人会像潮水一般涌来。西北方向,大竹林是无法利用了,战士的人数也很少了。你那边也同样如此,这两个方向兵力必须收缩,你和张连升回撤到王家庄正北,我和四连、五连剩余战士依托小墩,这样,也许能撑上一阵子,至于东南方向,敌人只是包围,一时上不来,把侦察连的战士调去即行。"

"好吧,我看这样也行。"话音刚落,一颗炮弹便在附近爆炸了,随即响起了前所未有的炮声、枪声。

廖海涛向罗忠毅行了一个军礼:"罗司令,廖海涛去那边了。"

罗忠毅黑漆漆的脸膛上掠过一丝痛苦之色,他干裂的嘴唇蠕动了一下，想说什么，但口中始终没有吐出一个音节，只是凝望着廖海涛，一动不动，犹如雕塑一般，猛地向廖海涛行了一个军礼。廖海涛转身带着警卫员扑向尖刀山，带着特务连撤至王家庄村北二百米处，四连剩余的战士收缩到小墩上和五连的少数战士在一起，跟随罗忠毅阻击西北的来犯之敌。

罗忠毅拎着枪，往新店小墩上奔去，警卫员小陈跟在后面帮忙，叫着："首长，首长，前面危险！"

罗忠毅站在那儿，稳如磐石，像一座高山，任你浪潮多急多高都被生生地挡回。

罗忠毅戴着军帽，虽然帽顶已被子弹击穿，有一个不规则的圆洞，边沿呈焦黑色。罗忠毅身穿的大衣早已甩在了塘马，但那单薄的上衣，紧绷的军裤，宽大的皮带显得更为利索，更为干练，给人一种威风八面的感觉。

至于那神情，全从脸上显现出来，脸上的线条更为刚劲，轮廓更为醒目，黝黑的肤色经硝烟的熏染更为黝黑，几乎发出光芒。鼻梁更为挺直，那线条显示出承担艰难险阻的超凡力量。眼神坚定，显示一种蔑视一切的神韵，骤然间又转化为包容一切、俯瞰一切的巨大力量。脸上显现的神情是那样的从容不迫，有一种超凡的庄严的光辉，眉毛平直，一种凛然的正气，世上的一切，最复杂的尘世生活，在这正气的透视下、吹拂下将荡尽一切污垢，化作纯净的世界，澄澈的明朗的天宇。旋即罗忠毅脸上荡起一股微笑，那股微笑透着一股儒雅，和平时所见相差无几，但此时多了一份庄严，在昔日和蔼、平易、温顺、善良、内向之中掺杂了新的成分……

罗忠毅站立着，像一堵墙、一座山，眼睛平视远方，目力所及之处似乎远在天际。

战士们一见，骤间为罗忠毅的形象所震慑，为罗忠毅的精神所感染，他们安下心来，因为他们有了依托，犹如大海波涛四起，有了定海神针，不管风浪多大，水中世界安稳如山。

罗忠毅的镇定在军中是出了名的，越是在枪林弹雨下，越见之稳如泰山，一个胆小如鼠的人只要在战场跟罗忠毅一次，都可以变成一个斗胆的勇士。和罗忠毅在一起战斗过的人常常说："啊，你讲老罗嘛，炮弹落在他面前，他也不会变色呢！"。汪大鸣最清楚不过了，五十多年后，他在自己的自传中深情地写道："二支队司令部到句北后不到一个月，敌人就开始扫荡，那天我同司令部一起住在山外的朱巷，天刚亮，哨位上就响起了枪声，句容和陈武庄的鬼子分两路下乡扫荡，部队迅速转移，敌人已靠得很近，天还下着雪，罗忠毅参谋长布置一个分队阻击牵制敌人，向另外一个方向边打边退，把敌人的注意力吸引过去，其余部队机关沿着一条山沟向山里转移。他带着一排人，走在最后面，敌人的机关枪子弹打在他旁边的雪地上，划出一道道长线，罗参谋头也不低，腰也不弯，挺胸前进，他勇敢沉着的精神和形象教育了部队，也教育感染着我这个缺乏战斗锻炼的新兵，我紧跟在他后面，听着子弹从耳边飞过的哨声，感到敌人卑怯的子弹是打不倒革命勇士的。"

就在数小时前，当枪炮声在塘马村四周响起时，罗忠毅与廖海涛来到村西沟沿坟坟滩上，拿着望远镜镇定自若，子弹纷飞，炮弹在不远处轰响，泥土四溅，奔跑的崔玉英、袁秀英见罗忠毅临危不惧，忙收住了脚，不断地叫喊着罗忠毅与廖海涛，希望他们赶快脱离险境，但罗忠毅微笑着挥挥手，叫她们向南转移，自己面带微笑，拿着望远镜观察敌情，并迅速地作出判断，布置战术。

晨雾消散，罗忠毅披着呢制大衣，屹立在坟滩上的身影早已印在两位苏南农村女子的脑海里。若干年后，两位农妇在西沟塘沿乘凉时，都会用她们的语言描述罗忠毅的神情，坚定沉着，轮廓线条分明，刚劲有力，至于那股鼓舞人心的魅力，更是难以忘怀，"有力量，好像有什么东西一样子罩住全身，进入心中，看到他，一点不怕，一点都不怕"。这是一股魔力，她们感觉到了。

罗忠毅的从容微笑，消除了部分战士的恐惧，他们的雄心一下子从心中升起，义无反顾地收住脚，准备予以敌人迎头一击。

罗忠毅知道光是镇定还不行，还得用行动说话。他发现不远处有一挺捷克式机枪，这种枪最熟悉不过了，轻便而又具有威力，是阻击敌人的有力武器。罗忠毅一个箭步冲了上去，抓住把柄，拎起枪，往前急冲，然后抱住它，向叫喊着的、疯狂的敌人扫射起来。子弹雨点般地扫射过去，蜂拥而上的潮水终于被遏制，敌人怪叫着纷纷倒下，后面的似退了潮的水哗地一下退了下去，再也没有卷起新的"浪潮"。

罗忠毅没有说一句话，又从战士手中抢过机枪，猛地大叫一声，跃进坟包，把枪往坟包上一架，"嗒嗒嗒"地朝迎面扑来的敌人狂扫起来。

五连副连长一见，眼睛也红了，用尽力气叫道："同志们，退到这里为止，响应罗司令的号召，我们同敌人拼啦！"他端起枪上好刺刀跃向坟包，战士们一见，精神一振，又扭转身，用尽最后的余力向敌人扑去。

陈必利见罗忠毅身先士卒，一声喊打，战士们排枪齐发，敌人的炮弹又开始在四周爆炸了，陈必利端起捷克式机枪刚装上弹卡，突然发现空中洒下一阵血雨，血水点点洒落在衣袖上，又是一声响，只觉得有一个硬硬的东西撞击了一下胳膊。但敌人冲上来了，他顾不了那么多，扣动扳机，猛烈扫射起来，扫射一阵后，他发现血从衣袖里沿着胳膊往外流，又流到枪身上，他才感到一阵疼痛，他拉起衣袖一看，手臂已挂了彩，此刻他才感到一阵钻心的疼痛。另一个战士也如此，血随着身体流下来，湿透了衣服，他全然不知，等他感觉到时，低头一看，眼睛一花，突觉撕心裂肺地疼痛，原来半个手臂已炸飞了，他大叫一声，昏迷过去。

子弹贴地而来，地皮愤怒地跳动着，尘土飞溅，四处飘洒。

敌人涌上来，被罗忠毅用机枪一阵猛扫，躺下了好几个。他们改变方向，从另一个方向涌来，他们以为只有一个孤胆英雄在阻击，没想到新四军战士来了一个反冲锋，猝不及防，前面的被战士撂倒，后面的还没看清是怎么回事，明晃晃的刺刀刺到胸前，想用枪托去挡，但已来不及了，只能带着剧烈的疼痛，发出阵阵的惨叫。他们前面的往后退，后面的挤来压缩成一团，只可惜战士们弹药太少了，否则此时摔几个手榴弹，敌人必定要被报销许多。

敌人乱了一阵后，便开始反扑，五个鬼子围住了五连副连长，副连长扑过来，刺过去，结果了三个敌人，但敌人也趁机用两把刺刀刺进了他的胸膛。一批鬼子被逼到稻田里，战士们扑了上去，和敌人战成一团，稻田里很快淌满了血。战士们的鞋子已被血水浸透了，有的已陷进稻田里，有的则赤着脚。鬼子也一样，双脚陷在稻田里，很难活动，他们无法施展那平时训练的刺杀技术，只能在原地不动，挺着枪，双眼盯着对方，准备用最简单、最实效的方法迎击对方的搏杀。这一下形势逆转，战士们的草鞋，易于甩脱，他们迅速甩掉草鞋，灵活地在泥田里打转，他们一个个地绕到敌人的身后，有的猛地突刺，有的用枪托、手榴弹砸敌人的脑袋，鬼子陷在田泥中，转身不便，不久这十几个鬼子纷纷倒地，在泥里挣扎，战士们接着连连放枪，把这些侵略者送上了西天。

罗忠毅那边早把敌人打退了，敌人暂时停止了对小墩上的攻击，阵地上出现了短暂的平静。

罗忠毅拎着枪，带着陈必利以田埂为依托，以桑树为依托，以坟堆为掩体，把仇恨的子弹雨点般地倾泻给日军，冲在前边的日军中弹后，挺着身子，双手乱舞，脚还玩命地向前迈，腿一软，摇晃着仆倒在地上，股股鲜血汇成流水在桑田、坟包间四处漫溢。

不知从哪里又冒出一股日军，头一伸出田埂，随即枪杆架在田埂上向四连的战士扫射，几个战士惨叫着，捂着胸口倒下了。

看着倒下去的战士，罗忠毅眼睛都红了，他的耳边回响起了巫恒通的声音："罗司令，报仇呀，报仇！"他跳了起来，跨过坟包，端着捷克式轻机枪，枪口对准了疯狂扫射的日军。

忽然，脑海里又浮现出满脸血污的柳肇珍，只见柳肇珍指着田埂边的日军叫道："老罗，快打呀，打死这些狗强盗！"罗忠毅鼻子一酸，双眼喷出愤怒的火焰，他叫喊着，端着机枪，绕到敌人的侧面，勾动了扳机，枪管顿时喷着猛烈的火焰，机枪的两个叉脚在空中有节律地抖动着，罗忠毅整个身子也随着机枪猛烈地抖动，"狗强盗，让你们见阎王去吧！""嗒嗒嗒"伴射着猛烈的喊声在空中回荡，雨点般的子弹射向敌人。这几个敌人刚报销，另一批敌人从桑树地又冒出，他们的枪口已对准了罗忠毅，罗忠毅一个跳跃，随即又用机枪对他们扫射起来，"狗强盗，来吧，我让你们来吧！"

几个敌军在枪口下倒下了，有一个日军顽强地端着枪想还击，罗忠毅发出的子弹雨点般地射向他，他的胸膛被子弹射成麻蜂窝一般，在罗忠毅的吼叫声中倒下。

五连战士见罗忠毅一马当先，身先士卒，连连毙敌，士气大振，喊杀声震天，无不以一当十，奋勇搏击。敌人没料到在如此密集的炮火下，还有新四军存活，更没有料到新四军还有如此强大的战斗力和顽强的意志，竟然在如此危急的情况下，实施突击，在一阵枪弹的打击下，在轰轰的手榴弹爆炸声中丢下几十具尸体后退回竹林处。

罗忠毅扫射一阵后，余犹未尽，他的眼睛都红了，恨不得冲进竹林再来一阵扫射，警卫员陈阿根拉住了他："罗司令，通讯员从后周桥方向来报。"

罗忠毅放下机枪，陈阿根见枪管彤红彤红，

便把枪口塞进稻田的小沟中，小沟中的水即刻嗞嗞作响，一股股热气散射在田地里。

"报告司令员，后周桥战斗十分激烈，许多战士牺牲了，现在桥还被我们控制，敌人被打退了，黄营长请示罗司令下一步该怎么办？"通讯员头上扎着绷带，满脸血污地喘着气向罗忠毅汇报前方情况。

罗忠毅神色十分冷峻，他的身后一棵被炸焦的桑树还在吐着小小的火苗，脚下的茅草还在冒着丝丝的白烟，他听到许多战士牺牲了，嘴角抽动了一下，眼眶一热，悲怆之情顿时显现在脸上。

"告诉黄营长并转告裴指导员，谢谢他们。"他想说什么，喉结一阵抖动，话语哽塞起来，泪水终于滚落下来。这位刚强的汉子极少流泪，此时泪水却簌簌而下。他抬起左手，看了一下时间，已是10点多了，他心头顿觉一阵宽慰："我十六旅忠勇将士是好样的，没有辜负百姓的希望，我们就是要用热血来求得我们民族的生存，你转告他们，时间已是十点了，机关人员该转移较为安全的地方了，你告诉他们再坚持一会儿，胜利永远属于新四军，胜利永远属于中国人民，胜利永远属于……"他的话语中断了，陈必利和其他战士纷纷落泪，罗忠毅完全明白，敌人对部队合围已成，再坚持一分钟，对于部队就多一分危险，对机关人员而言，则是再坚持一分钟，就多一分安全。陈必利和其他战士明白，现在的形势已是万分危险，要冲开一条血路非常困难，弹药用得快差不多了，坚守到天黑已不可能，生命随时会消亡，但作为一个战士，在民族生死的关头，应该勇于献出自己的生命，只不过看到许多战士先于自己倒下，热泪还是禁不住滚滚而下。

"请司令员放心，我马上转告黄营长、裘指导员，我新四军誓与阵地共存亡。"通讯员汇报完后便匆匆转身向后周桥奔去。

西北之敌被击退，暂告平静，而正北方向激战正酣，罗忠毅刚刚向从后周桥方向来的通讯员交代完毕，西北廖海涛率领特务连三排阵地连连告急，通讯员汇报正北敌人在东南绿色信号弹响起后，用炮猛烈轰击特务连阵地，现在用骑兵搏击，由于四连战士伤亡过大，特务连只有一个排，正面兵力十分空虚，形势非常危险。

罗忠毅急忙用望远镜向正北方向观看，发现敌人的骑兵又在轮番向特务连阵地进攻，骑兵后面即是潮水般的步兵，特务连战士虽然作战勇猛，武器精良，但人数有限，形势吃紧，照此情形，敌人随时可以冲进阻击阵地，进入王家庄。

罗忠毅急命陈必利清点人数，陈必利的五连，因小鬼班被陈浩抽走，一、二、三排在塘马一线大竹林一带阻击后，只剩下三十余人，如果抽调去正北，那么西北的防线将十分薄弱，他正想解说，敌人又从冒着烟的竹林里冒出头，放着枪向前扑来。

"陈连长，你抽出二十人让三排长率领，先去正北协助廖司令抵挡一阵，如果这边有危险，三排长随时带兵转向西北。"

几个鬼子在田野里匍匐前进，枪口朝着罗忠毅的方向移动。

"是！"三排长朗声回答，被抽掉的战士随三排长急速向王家庄的北面奔去。

鬼子们放着枪，弓着腰往上冲，那几个鬼子变换着枪管方向随罗忠毅的身影移动。

阵地上的战士一下少了许多，而敌人又黑压压地扑来了，虽然敌人怕伤亡过大，前进的速度并不快，但队形保持十分完整，并不时地变换着各种姿势，或以跪姿或以卧姿向战士们射击，子弹嗖嗖地从罗忠毅和战士们的身边划过，战士们的脸绷得更紧了。

罗忠毅看着黑压压的敌群，完全明白自己的处境，他对敌军投去轻蔑的一瞥，高声地叫喊着……

那几个鬼子眯着眼，枪管对着罗忠毅，手指轻轻钩住了扳机。

"同志们，考验我们的时候到了，是共产党员的站出来。"他转过身子，指出那些放着枪有序挺进的日军。

那几个鬼子的手指扣动了扳机，子弹飞来，飞向罗忠毅的头部，罗忠毅刚好转身，用手去指点着那些攻击的日军，子弹从身边"嗖嗖"飞过。

"首长，危险！"陈阿根忙上前护住罗忠毅。

罗忠毅忙推开陈阿根，又用手指着那些弯腰前进的敌军，"这

些就是屠杀我中华儿女的刽子手、屠夫，他们就在眼前，我们要洒完最后一滴血，坚决地打击他们，多打死一个鬼子，我们的胜利就多一份保证。"

那几个鬼子见穿膛而出的子弹没有击中目标，轻叹一口气，又齐齐地移动枪管，调整角度瞄准了罗忠毅。

"同志们！今天就是我们报国的日子。"罗忠毅说完，便转过身，拿起一把三八大盖枪手一挥，战士们回到了自己的岗位，静候敌人进入射击圈来。

敌人的步枪射程远，他们早已放枪，子弹"嗖嗖"地在坟包上空飞过，打入坟包上的子弹则发出一阵沉闷的响声。

"打！"罗忠毅一声喊。子弹齐发，四五个鬼子在泥地里翻滚着，双脚乱蹬起来。

那几个用枪瞄准罗忠毅的鬼子慌忙爬到田埂边，头贴着稻田，过了好一阵子，又抬起头移动着枪管，寻找着罗忠毅的高大身影。

罗忠毅看了一下表，快 10 点半了，战士们反复冲杀多次了，看样子机关人员应该到达湖边了，按正常计算，长荡湖边离塘马村至多十五公里，按部队行军的速度应该到达那个区域了，他爬起来，朝几个阵地上看了看，盘算着如何寻找突破口冲出重围。

他一露出身子，那几支枪管又齐齐地向他瞄准。

他沉思着，东南方向的敌人还未上来，虽然侦察员侦察到那个方向有敌人，而且信号弹明白无误地证明了那一点，但那部分敌人是快速突击的部队，估计不会用上重武器，那么战斗力还是不及正北、西北、西南，看来突围的方向还是应该选择东南，如果战斗有间隙，应该告诉指战员迅速集结，往东南方向突击。

几个敌人用手指触摸着扳机，眼睛眯缝着，向他瞄准。

他换了一个位置向东面方向的敌人打了一阵枪，又有几个敌人被他撂倒，他许久没有战斗在第一线了，其实他是很喜欢冲锋陷阵、亲临一线的，在襄阳上士兵学校时，他就喜欢摆弄枪支，且精于射击。上战场，他的脑海里总会出现横刀跃马的情景，所以，无论是在中央苏区攻打赣州的战斗还是在永定金丰大山、龙岩大罗坪、扁岭坑一带战斗，他都喜欢冲在前面，奋勇杀敌，尤其使他感到自豪的是在1939年的博望战斗中，他亲自率队合击敌军，亲自射杀多名日军……由于处在高层指挥的位置上，他许久没有上战场进行搏杀了。

突然一股鬼子从侧面扑来，一阵猛烈的扫射，一下子倒下好几个战士，罗忠毅怒火中烧，端起三八大盖，一阵扫射。

那几个鬼子用手指轻轻扣动了扳机，子弹穿膛而出又飞向了罗忠毅那高大的身体。

罗忠毅吼叫着：“狗强盗，你们来吧，你们统统上来吧！”他嘶哑的高亢的吼声在王家庄的上空回荡，穿越山山水水，飘落在襄樊，飘落在瑞金，飘落在闽西，飘落在茅山，飘荡在太滆，飘落在塘马……

罪恶的弹头撞击到英雄的额头，就在那一刹那，英雄端枪屹立，纹丝不动，整个身子像一尊凝重的、立体的雕塑，脸上愤怒的表情定格凝固，喷出火焰的双眼，放出了最后一道火花，干裂的嘴唇在大开大合后微微闭合，枪托依然顶住肩胛骨，双肘依然托住枪管枪柄，双腿依然坚实地在苏南潮湿的土地上……一刹那，英雄屹立定格在苏南硝烟弥漫、炮火连天的战场上。

英雄倒下了，枪从手中滑落，身体倾斜，在烟雾的轻托下，缓缓地倒下了，太阳照在他的脸上、前胸、双腿上，他的脸上仍保留着那份愤怒之情，鲜血从前额溢出，在阳光下，英雄的躯体染上了浅浅的金黄色。他的身下是灰色的土地和枯白的衰草。

六师参谋长、十六旅旅长、新四军高级领导人罗忠毅倒下了，战士们一下子惊呆了，陈必利抱着他哭泣起来，陈阿根、小张、小刘三个警卫员也扑在他身上大哭起来。

罗忠毅的壮烈殉国，更激起了我忠勇将士血战到底的满腔怒火。在一百多米外的廖政委闻讯后悲愤交加，他大声疾呼："同志们，为罗司令报仇！为罗司令报仇！坚决消灭敌人。"一颗颗复仇的子弹在敌群中开了花。敌人被这阵猛烈的还击打得惊惶失措，晕头转向。这时，由于驻防溧阳一线的国民党顽固派全部后撤，让开了日寇对我"扫荡"的翼侧，由塘马西南迂回至东南方向进攻的敌人直逼王家庄前沿阵地，我军处于四面被围的境地。

敌人又四面疯狂地进攻了，掷弹筒、九二步兵炮的炮弹在我阵地上呼啸、爆炸、燃烧，"嗖嗖嗖"炮弹密如飞蝗，王家庄再也难以固守了，廖海涛下令突围。

廖海涛左肩背着牺牲同志的两支步枪，右肩扛着一挺机枪，右手紧握一支手枪，率领部队突围。敌人的子弹在头顶和身边飞过，"政委，快把步枪丢掉吧！"警卫员看着行动艰难的首长焦急地说。"鲜血换来的，忍心丢掉吗？我又没有负伤！"廖海涛瞪眼怒斥。

"嗖！"突然一颗子弹击中了廖海涛的腹部，穿透了股骨。当他感到疼痛时鲜血已染红了军装。警卫员迅即把他扶到王家庄东边一户茅棚子农家，躺在稻草堆边，可惜医务人员已牺牲，无人来抢救。

他要警卫员把黄兰弟营长找来，当面交代："部队由你统一指挥，拼死突出重围。"

"不要管我，去战斗吧！"素有布尔什维克"铁石人"之称的廖海涛，此时微睁双眼，低沉而无力地说。

"廖司令！廖司令！……"黄营长、警卫员嘶哑地呼唤着。

黄兰弟、警卫员哪舍得离开身负重伤、生命垂危的老首长，但是廖政委为罗司令复仇的号召、誓死突围的命令激励着他们。

在一阵疼痛中，他昏了过去。穿孔的腹部，已露出蠕动着的肠子。

鬼子来了，战士们把一层层稻草掩盖在廖政委身上，继续战斗。

下午3点多钟，日寇撤出村庄。稻草揭开，廖海涛面如土色，双眼紧闭，已停止呼吸多时。

王家庄战斗，持续了六个多小时。我军近三百名战士反复冲杀多次，这是皖南事变后苏南反"扫荡"的一次最激烈的战斗。日军伤亡有八百人，我军壮烈牺牲的除罗忠毅、廖海涛外，还有四十八团二营营长黄兰弟、四连连长雷来速、五连连长陈必利等指战员，旅部特务连长也负伤昏迷过去，只剩指导员雷应清等二十余人幸存下来。那悲壮惨烈的战斗场面实为罕见，我新四军忠勇将士英勇杀敌、顽强战斗的大无畏精神难以尽述。

下午3时，四十八团二营六连和团特务连剩余的六十余人到达长荡湖边的戴家桥，桥边有一个十多户人家的小村。五连指导员从另一路带领"小鬼班"和勤杂人员十余人也突围到此。旅部王直、王胜也从塘马率领东来的党政军机关、后方人员千余人暂驻清水渎圩及杨店，距戴家桥约二三里地。

旅部召开了营以上干部紧急会议，王直、王胜向与会人员分析判断敌情，制定了作战方案。决定将会拢来的八十余名战斗人员临时组成一个守备连，坚守戴家桥，死守到天黑。

在王直等同志组织下，由于事先做好周密的布置，所以敌军虽然攻势凶猛，但始终没有越过我防线。

不料日军的汽艇迫近长荡湖的湖边，清水渎一线集结的机关人员出现了波动，个别的地方政府工作人员甚至想逃跑，如果日军一旦发现机关人员集中湖滨，冒死上岸攻击，后果不堪设想。王直飞身赶到，他号召大家稳定情绪，做好准备，安全隐蔽，万一真的被敌人发现，有枪的拿枪，有刀的拿刀，有石头的拿石头，血战到底，绝不做俘虏。

在王直的鼓励下，在政治部党小组人员的宣传下，一千多人的情绪迅速稳定下来，并安全隐蔽起来。

在王直等同志的宣传鼓动下，众将士齐心合力，同仇敌忾，打退了敌人一次次进攻，取得了戴家桥战斗的胜利，为黑夜突围创造了胜利的条件。

9点半，陈练升终于回来，告知所有的路口被敌人封锁，只有一个小桥极隐蔽，可以穿越。

当晚11点多，我苏南党政军领导机关一千余人在王直、王胜的率领下，由溧阳县长陈练升作向导，从礐桥、指前标、罗村坝等地附近日伪结合部的间隙中突出重围，于拂晓前进入金、溧边黄金山地区，尔后，经溧阳县境内丫髻山边的青龙洞暂避，次日晚安全到达溧水县白马桥一带，与四十六团会师。

塘马战斗是我新四军在苏南与日作战中规模最大也是最为残酷的一次战斗，它是坚持和发展以茅山为中心的苏南抗日根据地的一场具有重要意义的战斗，它粉碎了日寇一举歼灭我十六旅和苏南党政军领导机关的梦想，为我党我军保存了一大批领导骨干和有生力量，并以杀敌三百的战果，胜利地打破了日伪的疯狂"扫荡"，这对尔后坚持苏南抗日根据地，发展壮大人民力量，夺取抗日战争的最后胜利有着重大的意义和深远的影响，对于整个华中抗战事业的巩固与发展也有着不朽的贡献。它不仅在军事上而且在政治上也有着非凡的意义。

塘马战斗是一次成功的突围战斗，是付出沉重代价后的胜利战斗。罗忠毅、廖海涛及十六旅众将士的英勇阻击是形成这一结果的基础和保证，而最终完成这一结果的是先行转移的以王直为代表的十六旅负责同志，他们有效地组织机关人员转移至相对安全的地区，并成功组织了戴家桥战斗，最后胜利地跳出敌人的包围圈，率众到达溧水地区。

人民将永远记住他们建立的不朽功绩。

1941年11月30日，别桥小余庄，新建两座坟墓，左边的坟前有一方木，上书"新四军第十六旅副旅长廖海涛之墓"，右边的坟前也有一方木，上书"新四军第十六旅旅长罗忠毅之墓"。原来罗忠毅、廖海涛及众将士的英雄壮举震慑了敌人，出于对英雄的崇拜和敬畏，敌人从戴巷抢得罗忠毅、廖海涛遗体后，便找了最好的楠木棺材，安葬他们。他们选择别桥小余村，是因为别桥已成为他们的新据点，这便于他们祭奠。

选好墓址后，他们便举行葬礼，坟前插着菊花，竹筒里冒着香气四溢的青烟，五个身披袈裟的和尚，有的敲着木鱼，有的捻着佛珠，念着"南无阿弥陀佛大慈大悲……"

尾本听说后，从金坛据点赶来，手执雪亮的战刀，毕恭毕敬地站在坟前，几十名日本兵也整装列队，一起向罗忠毅、廖海涛遗体三鞠躬。

然后尾本朗声宣读祭文，让翻译向附近的村民进行翻译："……这两位先生，是我们大佐阁下的同学，他们大大的英雄，可惜他们没有拥戴汪精卫先生，现在他们勇敢地战死了，我们并不想打死他们……"

当翻译翻译到同学时，还特意停下用日语征询了一下，尾本表情严肃，连连点头。在场的百姓并不知晓尾本的真正含义，还以为罗、廖二人曾在日本留学过，至今苏南百姓误传着罗、廖二人留学日本并和尾本是同学的旧事……

→ 人民的怀念

★★★★★

　　得知罗忠毅、廖海涛牺牲的消息，转移到溧水白马桥与四十六团汇合的旅部、苏皖区党委机关工作人员、部分战士和四十六团将士非常悲伤、一片哭泣，随即召开了隆重的追悼大会，会场上悬挂着绘制的罗忠毅、廖海涛遗像，钟国楚、王直、王胜、乐时鸣、许彧青、张其昌、张花南、黄玉庭、芮军等人悲泣不已，肃穆庄严的气氛笼罩全场，悲痛心情笼罩在每一个将士的心头，将士们发誓与敌人血战到底，为罗忠毅、廖海涛及在塘马战斗中牺牲的将士报仇。

　　罗、廖牺牲的消息传到师部，谭震林失声痛苦，消息传到军部，陈毅代军长、一师师长粟裕悲痛无比。军部给各战区发出如下电报："罗、廖两同志，为我党我军之优秀干部，为党为革命奋斗十余年，忠实、坚定、勇敢、负责、艰苦缔造苏南根据地，卓著功绩，罗、廖两同志壮烈牺牲，全军一致追悼，昭彰先烈。"

1942年1月10日，原二支队司令员、张鼎丞撰写《悼罗忠毅、廖海涛两同志殉国》的纪念文章：

自新四军开赴江南抗战以来，四年之中，罗旅长，廖政委即率领数千忠勇战士，在南京城郊，在京沪路上，在秦淮河岸，在长江边上，纵横驰骋，与日寇浴血战斗，粉碎了敌人无数次的"扫荡"围攻，坚持了江南胜利的抗战……

罗、廖两同志光荣牺牲了，的确是我们损失了两员忠诚的勇将，使我们无限的悲悼！可是罗旅长、廖政委遗留的革命军仍然存在，我们整个新四军十余万忠勇将士仍然存在，仍然在大江南北坚持抗战，而且就在罗、廖两同志光荣牺牲的地方——江南开展新的胜利的游击战争（如《解放日报》上公布的苏南大捷等。）毫无疑义的，我新四军十余万将士，一定能继承罗、廖两同志一样的忠实勇敢、负责地完成罗、廖两同志所未完成的事业，最后打倒日寇，以永久安慰罗、廖两同志的英灵……

1942年9月，新四军十六旅独立二团召开"罗忠毅、廖海涛两旅长暨独立二团阵亡将士追悼会"，高度评价了罗忠毅、廖海涛的战斗业绩。

祭文（一）

暴敌猖獗，横肆侵凌，囊括我国土，奴役我人民，江南地区，敌蹄所至,城镇为墟,庐舍荡然,烧杀淫掳,一至于极。罗、廖旅长统率所部,领导民众,坚持江南抗战于敌伪梅花桩内,穿插自如,粉碎敌伪多次扫荡,不断痛创敌寇。犹忆赤山、高庄、延陵、李山、西施塘诸役,二公亲临指挥,身先士卒,扬我神威,歼厥渠魁。为国家争光,为民族吐气,固已功高麟阁,泽被人间。独立二团阵亡将士,类都江南志士,伤国运之陵夷,帐寇氛之猖獗。爰举义旗,遂成劲旅,屡摧强敌,衡我桑梓。拼几许热血头颅,建不世奇勋伟绩。艰苦奋斗,于今三载,早已邦人脍炙,有口皆碑。溯自抗战迄今,日逾五年,端赖我民族英雄,出生入死,奠定胜利基础,纵然敌寇穷凶极恶,亦难逞阴谋,方期驱逐日寇出中国,共襄抗战伟业。

乃塘马一役,敌寇以五千之众,阴谋袭击,罗、廖二公,以少击众,转战竟日,终以寡众悬殊,弹尽援绝,遂致身殉。噩耗传来,万人挥泪。呜呼痛哉!二团连年战斗,青年将士,频作光荣牺牲,"六四"之役,损折尤大。王、李团长,江抗二团阵亡烈士,任大可、孙宁、周中、钱立华诸同志,先后壮烈殉国,均为民族重大损失。缅怀先烈,曷胜痛悼!呜呼诸公为国捐躯,名垂青史。英灵不昧,浩气长存,求仁得仁,亦复何憾。第念北望中原,风起云涌,南瞻衡岳,狼烟复炽，而国际波涛，尤为汹涌澎湃，惟抗战虽近胜利，而困难实多，黑暗与光明竞相角逐，光明终将驱散黑暗，死者已矣，生者何堪。而今而后，当坚持团结，克服一切困难，争取时间，准备反攻力量，驱彼强敌，还我河山。创造独立自由幸福之新中国，奴完成先烈未竟之志，庶慰诸公于九泉。呜呼！生死歧途，存亡异路，典型安仰，謦咳难闻。数年风雨同舟，而今已矣。一旦重泉诀别，永无见期。当此金风萧瑟，联轴飘扬，触景伤情，（能）不凄然挥泪，灵如有知，来格来歆，呜呼哀哉！尚飨。

祭文（二）

敌寇侵凌，国境沦亡，屠杀同胞，实淫妻女，焚毁房屋，为人道所不忍，为国际所不容。敌寇公然为之。我沦陷区之同胞，直犬马之不如。呜呼惨哉！幸我罗、廖旅长，转战江南。

独立二团，坚持太滆，以窳劣破残之武装，当锐利精良之军备，身先士卒，所向披靡，敌寇闻之而胆落，伪汪望风而鼠窜，使其困守据点，坐以待毙。牵制江南敌寇兵力半数以上。

最后胜利之基础，于焉确立，何其伟耶！我沦陷区之同胞，得我罗、廖旅长，独立二团之拯救，出诸水深火热之中，如拨云雾而重见天日，亦至幸矣。惟在功高德盛之下，畏之者日甚，忌之者益众，敌寇因畏而大举扫荡，顽军因忌而专事摩擦，痛心疾首，孰有甚于此。我罗、廖旅长，及二团将士，或从容就义，或慷慨赴难，呜呼痛哉，呜呼伟哉！公等之死，是死于抗日，死于民族，死于国家，虽死犹生也。后死同志，本公等之精神，蹈公等之血迹，正继续奋斗，驱逐日寇，公等共含笑九泉矣乎。因为之歌曰，长江之南兮！太渦之中兮，敌寇躁躏，直如禽兽兮！民族英雄蜂起兮！罗、廖旅长及独立二团，百战百胜兮！敌伪闻风而胆寒兮！或慷慨就义兮，或视死如归兮，为国牺牲兮，无上光荣！为民解放兮，万代歌颂！魂兮魂兮！盍归乎来，听我歌兮，含笑徘徊。

1941 年 11 月 28 日，十六旅旅长钟国楚，苏皖区党委书记、十六旅政委江渭清，苏皖区党委副书记邓仲铭率干部及部分战士来到塘马，召开追悼大会。

时任新四军六师独立二团政治部主任的方克强撰文《罗司令印象记》：

去年 7 月罗司令回了湖西旅部，我于八月间因一些工作上的问题到旅部请示，在工作问题已经解决而将要分开的一个晚间，我们在闲谈，而罗司令是不放松一时一刻的时间，来检讨自己，他诚恳地要我们对他的领导方式以及生活上工作上各方面提出意见。我是异常钦佩罗司令的一个人，当然除掉敬仰之外是别无话说，可是他自己是责己极严，提出了许多问题来检讨，这些问题是很细微，但是他决不放松，而是在每一个细微的地方来分析自己的基本认识与思想意识的。这些精细而微妙的分析,我虽然不再能记忆,但是罗司令的虚怀若谷与自我检讨的精神是使我永远不会忘记的。我还听得人家说罗司令在军事上很强,他能够指挥大兵团作战,去年的三战三捷就是他指挥的。两个连放在他手里,就好像一两个圆球放在手里一样的灵活。他要指挥一两个连来插出敌人的包围圈,就好像在人丛中抛出一两个球一样的轻松与安全。所以一般的战士都这样讲:"跟罗司令宿营是可以定心睡觉的。"而他在指挥上的特点是勇敢与沉着。去年夏芳战斗他以一个连对抗梅鸣章五百多人,他亲临前线,直到他的特务员阵亡,他没有丝毫的动摇,直至获得全胜。在某一次插出敌人包围圈时,他带着一部分得手的工作同志慢慢地直到一颗子弹打中了一个同志的背包时,他才弯一弯腰。

去年 11 月在溧阳塘马,遭受敌人五千人的包围,他竟因为保卫集中在那里的一些机关与工作人员而牺牲了自己。在他负重伤临终的时候,他的特务员在旁边哭,他还是很平静地说:"哭什么呢?你还不拿着我的文件包赶快走。"在他看来为革命牺牲是再平常也没有的事。噩耗传来,我好像触电一样,呆若木鸡,十几分钟之后才恢复我的知觉。这样震惊江南的事,在我是欲哭不能,但罗司令一定是不希望人家无谓的哀伤的,我们只有学习他的伟大精神,继承他的革命遗志,勇往迈进。

罗司令,名忠毅,湖北襄阳人,幼失学,投考冯玉祥将军部下步兵连,受训后被派到孙连仲部任班长,与孙部万余人,携枪二万支,一齐投诚红军,被编为红军第三军团,不久加入共产党,在党的教育下成为一个优秀的革命战士。红军主力出征时，罗司令被留在原地坚持游击战争。抗战爆发，游击队改编为新四军，他任第二支队参谋长，旋升司令，又调任江南指挥部参谋长。皖南事变后，新四军改编为七个师，罗司令任第六师参谋长兼十六旅旅长，直到在十六旅旅部阵亡。

在这个简单的叙述中可以说明，我所写的不足以显示罗司令的伟大于万一，聊以表示我个人对于罗司令的敬仰而已！

王绍杰撰文《学习罗忠毅、廖海涛同志》，以示悼念：

他很谦虚，当碰到比较大的问题的时候，即令他已有了充分的把握，职权上他是可以独下决心的，但环境许可时他常说："该要几个同志来商量才好，对上级给予任务的执行，是不好搞错的，大家有了商量，大家就可以共同负责。"这里不但表现了他的民主精神，而且亦表现了他对党和上级政策决议执行之慎重。他简直是从来没有发过什么脾气，很少有给他骂过的人，但他是不是一切事情都调和妥协呢？不是的，他正如斯大林同志所说的，在日常生活工作作风上，他善于与其他同志调和妥协，可是假如这个同志是犯原则上的错误的话，他可不放过，他找他来谈话（然而不是剧烈的骂），经过一番谈话之后，这个同志的眼泪便每每不知不觉地滴下来。我亲眼见过有几个当时认为是落后的"顽固的"同志，在这样的情形下缓缓转变过来。所以在他所领导的部队中，干部发生问题很少，不团结的现象，更可说一扫而空。

他这种感化力的出发点，我觉得他是建筑在这样的一个观点上，可以用一个例子来表明：比方我们有时常听见下面的同志说："部队里某个某个最调皮捣蛋，最要不得，这种兵最无法带。"但罗忠毅同志怎样答复呢："这是你自己不好，怕麻烦，怕负责，调皮捣蛋的兵最好带，我从来就没有碰见到调皮捣蛋带不好的兵。"

他打仗的时候最沉着，真是不慌不忙的，越是在枪林弹雨底下，越见他之稳若泰山，一个胆小如鼠的家伙，只要在战场上跟着他两次，我想都可以变成一个斗胆的勇士。我曾和几个过去跟着他比较久的同志，谈起他的战斗作风来，他们都会说："啊，你讲起老罗嘛，在内战时代，有一次在一个山脚下，敌人在后面追到二十多米，一个包袱掉下了，他还回头把它拾起来，他当兵多年，战斗几百次，从来未曾在战场上丢过什么东西。"

还有一点最值得学习的，就是考察他一生斗争历史，好像在负责军事工作的时候比较多，可是他对于党的政策的执行上，却是非常慎重，可说丝毫没有粗心大意和主观主义。比方对于统一战线来说吧。他到了一个地方，首先必要调查和分析当地的环境，各阶层的情形。对于当地的士绅名流，他必要设法去和他们联络，而同时对于基本的群众组织却也不放松，对两面派的争取，尤有一种特殊的办法，比方就过去江南一个敌后游击区——××地区来说吧，自南京陷后，当地社会实力，都掌握在几个大地主兼帮会头子而又有敌顽背景的两面派手里，他始终用交朋友的办法去争取他，使我们有许多困难的问题得以解决，而各方面工作亦得以开展。当然两面派是有他坏的一方面（不如是则不成为其两面派或三面派），因此当地亦有些同志极力主张打击他，但罗忠毅同志是不主张，在将那个地区创造为根据地的过程中，当地工作同志有些误解中央对敌后政治和人民生活激进改革之义，即对根深蒂固于旧社会中的怪风恶俗问题，有些同志每要采用过火的政策，他老是不主张，对这些问题，他老是持着这样的论点："同志们，要晓得今天是民族民主革命，而不是社会主义革命呀！"所以，那时当地工作有很大的开展。不绝对化地看问题，时时注意顾全大局这是他的特点，好像一条钢丝，贯穿着他整个领导作风上，从部队里对同志的团结一致，扩大到统一战线上各阶层的团结（但他并不是放弃斗争）。因为他对别人和蔼和处事沉着，所以觉得他真是"和"且"缓"，因此觉得有些事情他好像是马虎了，平常不见得什么紧张了，可是细细思考起来，又觉得于大问题和要紧关头，他从来又是没有一点马虎放松，又是最适合于做一个领导者的品质，这正是我党千锤百炼出来的。

老布尔什维克！可是如今，他为民族为革命英勇的奋斗牺牲了！

……

他们今天的牺牲，一方面是表现了他们和我党我军的光荣，一方面却不能不使我们同志有无限的痛惜，正在今天抗日民族革命战争发生于世界无产阶级革命时代，更有千百个老布尔什维克来负担更艰巨的任务之时，正在今天革命战争进入无比之残酷，以中国革命之长期性，敌后坚持之重要性，正需要有千百个像这样的民族英雄来负荷艰巨之时，正在今天我党为负担民族社会革命巨大任务，全党同志必要高度加强党性教育而需要有许多这样的老布尔什维克来作同志们活生生的模范之时，而他们竟牺牲了！我们之所以痛惜的，便是在这个地方。站在同志的立场，我们痛惜的，不是他那肉体的躯体，而是他那肉体的躯体中已添入了最好的布尔什维克的干部的质素。季米特洛夫同志说，（大意）"我们的干部要有绝对的忠诚于党，为党的利益奋斗到最后一滴血。"他们不是最适合于这些条件吗？又说："我们干部要善于团结群众"，他们——罗忠毅同志的领导风度，廖海涛同志之坚持于闽西，他们不是这样吗？又说："我们干部要善于在困难的环境底下，单独奋斗！"他们在闽西和江南敌后之坚持，不是充分表现着这种精神吗？又说："我们干部要成为遵守纪律的模范。"他们牺牲时所表现的高度执行优良传统的战场纪律，不是最可作为模范吗？还有，还有……像知识分子之工农化，这些都是他们的优点。

像这样的我党我军最好的干部，今天为民族为革命奋斗而牺牲了，这不但是我党我军的损失，而且是中华民族和被压迫的人类的损失！我们所以痛惜的就在这个地方。但我们丝毫不悲观，中国共产党和她的军队在这二十年，不是最初几个人在不断奋斗牺牲，发展到今天成为几十万人的党和拥有强大而使敌人头痛的军队吗？我们的干部在十年内战五年民族战争不是有许多先烈英勇牺牲，然而到今天我党我军的干部不比以前，不但数量更多而且质量也更坚强吗？当一个普通的人老死病死，你不是觉得他们非常的不值，然像他们的为民族为党为革命而牺牲，不是相信他们的精神永远辉煌不灭吗？我们要争得更大的胜利，我们需付以更大的代价，真是革命的同志，真是布尔什维克，是能学习先烈的模范，踏着先烈光荣的道路而来的，牺牲我们一个罗忠毅同志、一个廖海涛同志，将有千百个罗忠毅、廖海涛同志起来！敌人，不必狞笑，看谁笑在最后！同志们，不必悲观，学习罗、廖两同志的模范，挥起拳头前进！为罗、廖两同志复仇！

全国解放后，罗忠毅、廖海涛墓进行重修。1973 年，溧阳县革命委员会为罗忠毅、廖海涛撰写了碑文，罗忠毅的碑文全文如下：

罗忠毅烈士，湖北襄阳人。十五岁起就追求革命。宁都暴动后参加红军。任士兵委员会主任，后调红军大学学习，毕业后历任营团指挥员，师旅参谋长等职。一九三四年，主力红军西征后，他留在闽西一带，坚持游击战争。后与张鼎丞等同志所率部队会合，改编为新四军第二支队。皖南事变后，二支队改编为十六旅，罗忠毅同志任十六旅旅长。

▽ 塘马战斗烈士陵园

一九四一年十一月二十八日，日伪军从三面包围了我新四军十六旅旅部所在地溧阳塘马一带，妄图一举毁我新四军十六旅司政机关和设在塘马的中共苏皖特委、苏南专员公署等领导机关。罗忠毅同志亲率警卫部队奋勇抗敌，掩护了旅司政机关和中共苏皖特委、苏南专员公署等领导机关的安全转移。在与数倍于我的敌军激战中，罗忠毅同志奋不顾身，身先士卒，英雄杀敌，但终因敌我力量悬殊而壮烈牺牲。

罗忠毅同志是我军优秀的指挥员，是我党的好干部。罗忠毅同志在工作中一贯善于团结同志，坚持民主作风，遇事同群众商量，在原则问题上又能始终坚持党性，毫不妥协。罗忠毅同志有压倒一切敌人的英雄气概，在枪林弹雨中身先士卒，指挥若定。罗忠毅同志坚决执行毛主席的革命路线，在国共合作时，他坚持党的抗日民族统一战线的方针和政策，团结一切热爱祖国愿意抗日的各阶层人民共同抗战，增强了抗战的力量。

罗忠毅同志在残酷的战斗岁月里，在党和毛主席的培养教育下，经过激烈的阶级斗争风暴的锻炼，成为一个坚强的无产阶级革命战士、优秀的共产党员。

罗忠毅同志永垂不朽

溧阳县革命委员会

一九七三年三月

80年代初钟国楚、王直、乐时鸣、欧阳惠林、彭冲等同志先后撰文悼念罗忠毅、廖海涛同志。

80年代初，溧阳人民把罗忠毅、廖海涛的遗骨从小余庄村口迁葬于笠帽山麓。1981 年 11 月，在罗、廖壮烈牺牲 40 周年之际，中共江苏省委、江苏省人民政府在笠帽山麓兴建了烈士墓，定名为"溧阳西山烈士陵园"。广大军民为悼念罗、廖两位英烈，送了数十副挽联，其中一副写道：

忠勇为国，毅然丈夫，一朝杀身成仁，气凛沙场寒敌胆
海涯生波，涛振环宇，异月流芳百世，节届纪念慰忠魂

罗忠毅同志功勋卓著，为中央苏区的巩固作出了不懈的努力，坚持闽西三年游击战争，保存了革命的有生力量，艰苦缔造苏南抗日根据地，为民族生存与解放浴血奋战，功高日月。

罗忠毅同志永远活在人民心中！

后　记

浩气长存　永垂千古

罗忠毅是我们心目中的英雄，罗忠毅是苏南人民心目中的英雄，罗忠毅是中国人民心目中的英雄。

罗忠毅的英勇行为和英雄故事，早在我们幼小的时候便常常听说，但英雄的故事和生平仍不为许多人所知，老战友的回忆也只限于偶尔的报刊和并不为大众所知的党史书籍中，歌颂英雄、宣传英雄便成为我们的一大心愿。

自2006年起，我们便沿着预想追寻起罗忠毅烈士的不平凡的生涯来。从零星的书刊资料、历史图片、老同志的回忆录、百姓的传说乃至一系列的生活实地，终于理清了英雄的生活大致内容、生涯的大致轮廓。然后经过一系列的文学创作和理论探讨，终于对罗忠毅的形象有了较为准确的把握……

罗忠毅是从楚文化中孕育，又是在共产主义思想影响下的一位抗战名将。他为了崇高的理想，艰苦奋斗、矢志不移的战斗精神，为了壮丽的事业，勇于创新、大展宏图的战斗作风，为了民族的生存与解放，效命疆场、舍生忘死的壮烈情怀，深深地感染着千千万万的中国人民。尤其是在塘马血战中，罗忠毅为了使苏南党政军机关安全转移，他毅然留下阻敌，和敌人展开了殊死搏斗，打退了敌人的一次次进攻，直至血洒疆场，体现了我民族御侮外敌、不畏强暴的不屈精神，谱写了一曲壮丽的爱国主义乐章，它将激励千千万万的人们为了美好的明天而不懈地努力。

一本薄薄的传记完成，远不能完全传达出罗忠毅的精神面貌，不能详细地叙述出罗忠毅短暂而又不平凡的革命生涯。但可喜的是，终于有了一个大概的人物传。

本书在创作过程中得到了福建省新四军研究会的大力支持，在此表示深深的感谢。